人見知り社員がNo.1営業になれた私の方法

長谷川千波

祥伝社

人見知り社員がＮｏ．１営業になれた　私の方法

プロローグ――「営業に向いていない」と、悩んでいませんか

人見知りな人ほど、営業に向いている

営業のコンサルタントをしている私は、セミナーや企業研修の現場で「僕、本当は人見知り(あるいは、口ベタ)なので、営業に向いていないんです……」という声をよく耳にします。

たしかに、企業は「明るく外交的」な性格の人を求めているといいます。それはデータにもはっきり表れていて、日本経団連が毎年発表する「新卒採用に関するアンケート調査」によると、選考にあたって重視するのは「コミュニケーション能力」が7年連続ダントツの1位です。転職市場でも、スキルが同程度であれば、「決め手」としてコミュニケーション能力が重視されるのはよくあることです。

「私は、外交的な性格で……」「人と接することが好きです」。あなたも、就職活動をしていた頃、こんな言葉を履歴書の自己PRや、志望動機に書いたことがありませんか?

でも、日本人は、もともとてもシャイな民族。実際に人と接することが大好き！　なんていう人が、本当にたくさんいるのでしょうか。むしろ、口ベタ・人見知りでコミュニケーション能力に不安のある方が、とても多いと思いませんか？

「私は、臨機応変に会話することが苦手です。年上の人とは特にそう。口ベタで人見知りしますが、営業しか求人がありませんから、一度はチャレンジしようと思い志望いたしました」

冒頭の声も、本音ベースでは、こんな感じかもしれませんね。

でも、どうでしょう。無理して入った会社、苦しくありませんか。

営業は、楽しいですか。

「向いてないなぁ」と思って、つらくなることはないですか。

そういう人たちが読む営業の本に書いてあるのは、(「売れる」営業マンになるには)**「あなたという人間を買ってもらいなさい」ということ。**

これでまた「どうせ自分では」と自信をなくす人が多いようです。

私は、そんなあなたに、ひとつの真実をお教えしたいのです。

口ベタ・人見知りな人は、営業職で大成します。
なぜって？
営業に、向いているからです。

私は人事採用の専門家ではありませんが、長い営業生活の中で何千人という新人の採用に立ち会い、採用後一緒に仕事をしてきた経験から、そう確信しています。営業スタッフの面接当時の印象や言動と、入社後のギャップなり、一貫性なりを、当事者の立場で検証してきました。最初の３カ月間はどうだ、半年後はどうか、１年後は……？

長年それを繰り返すうちに、ひとつの結論に達しました。

口ベタで、人見知り、人付き合いが苦手な人の中に、ダイヤモンドの原石が存在します。

そして、「営業は、あなたという人間を買ってもらうもの」というアドバイス。

断言しますが、これは決定的に間違っています。

私も営業になったのは、「たまたま」でした

私は20年間の会社員生活を、中央出版とそのグループ会社の営業部門で過ごしました。

ご存じない方のために紹介しますと、中央出版は幼児から高校生までの教材等を制作し、販売からスクール運営まで、教育分野のビジネスを広く展開している会社です。

この会社の営業部門はハードワークなことで有名で、〝ブラック企業〟と呼ぶ人たちがいます。インターネットの検索サイトで「中央出版」と入力したら「中央出版　ブラック」と検索候補が出てきて、思わず吹き出しました。なぜそういった評判が立つのかというと、激務のためか、販売数字へのプレッシャーのためか、社員の離職率が高いからでしょう（そりゃあね、私もつらいことはたくさん経験しましたが、本当はとてもいい会社です。そうでなければ20年もいられません。念のため）。

私が入社したとき、会社は急成長のさなかでした。社員数は全国で２０００

名くらいからどんどん増えて、グループ会社全体で5000名を超えていく勢いの中、私は中学生向け教材の営業部門に在籍し、営業成績ナンバーワンとなりました。

その後は、営業所長となり、大阪を拠点とした関西圏でセールスマネジャーを通算で14年間つとめたのです。いわゆる「成績低迷社員」の集まる部署にいたこともありますが、それでも私のチームは、社内のセールスコンテストではいつもトップクラス。個人部門でも入賞するプレイヤーをたくさん育ててきました。

「あんなモーレツ営業の会社のトップセールス、しかも所長だって？　さぞかしド迫力の、怖〜い女性なのだろう……」

私の経歴を見た方は、そう思うみたいです。

でも、私に「営業」の仕事の現場でないところで会った方は、皆さんこうおっしゃいます。

「長谷川さんって、もしかして口ベタ？」

「泣く子も黙る中央出版にいたんでしょ。もっと鬼のような人（！）を想像していたのに、なんだか気弱な女性って感じ」

そう、プライベートの私は口ベタ。

おまけに人見知りで、気のきいた軽口も言えない人間です。はじめてのテレアポでは、知らない人にいきなり電話をかける緊張で言葉が出て来ず、「無言電話か！」と怒られたことさえあります。最初の頃は、アポを取ってお邪魔したお客様と、雑談ができずに困りました。予定時間になっても帰ってこないお子さんを待っていたときも、お母様と二人きりのお部屋で1時間も無言。さぞかし重い空気に包まれていたことでしょう。

そして仕事が終われば、お酒の席での上司の冗談にガチで反論し、場を凍りつかせたこと、数知れず。いまは営業コンサルタントとして独立し、人前で講演をすることも増えましたが、プライベートでは相変わらず口ベタのままです。

こんな調子ですから、じつは営業職もやりたくて始めたわけではありません。

学歴なし。16歳で高校を中退しました。応募資格が学歴不問の会社を探して、採用してくれた会社が中央出版。そして、ここの初任業務が営業職だったからです。

つまり、「たまたま」なのです。

私は、入社して2年間、会社から見れば困った存在の「成績低迷社員」でした。売れないし、マインドも弱かったのです。実際に、クビ候補になったこともあります。

そんな私が、どうやってトップセールスに上り詰めたのか。また、かつての私と同じように「低迷社員」と呼ばれた部下たちは、なぜ優秀な社員に変われたのか。その理由をお話ししていきましょう。

長谷川《はせがわ》千波《ちなみ》

目次

第3章 誰でも「すごい営業」になれる! 「顔」の作り方

第4章 営業の「台本」、磨いてますか？

第5章 「その他大勢」から抜け出せた部下がやっていたこと

ブックデザイン　萩原弦一郎（デジカル）
図版作成　日本アートグラファー

第1章

本当に「営業向き」なのは、人見知りのあなたです！

1 営業は、「自分らしさ」で勝負してはいけない

「期待のエース」ほど、心を折られる

私が、**ロベタ・人見知りな人に「ダイヤの原石」がいる**と考える理由。

それは、逆説的ですが「自分のコミュニケーション能力に自信がない」からです。

もともと社交的で、会話上手な人というのがいます。いわゆる営業向きの性格と言われるような人。多くの人は、こういう人こそ営業で大成すると思われているかもしれません。

中途採用であれば別ですが、じつは、新人でこういう人ほど、突然心をポキリと折られて、そのまま辞めていってしまうことがあります。会社にいた頃、

1 本当に「営業向き」なのは、人見知りのあなたです！

新卒を受け入れる合宿形式の研修の場で、毎年同じことを痛感してきました。

新入社員は、業務知識の習得の早さではあまり差はつきません。しかし、セールストークを身につける段階になると、覚えたことをわりとスムーズに話せるようになる人と、そうではない人に分かれてきます。

頭の中には浮かんでいる言葉なのに、すらっと外に出てこないものですから、口ベタな人はそのもどかしさに苦しみます。夜になっても宿泊部屋に戻れずに居残りで練習している新人は、よく悔し涙を流していました。

学生のときの暗記力と、社会に出てから使う営業としてのアウトプットは別のものです。すぐにできないからといって、教える側は気にしていません。それどころか、泣くほど悔しがっている新人が可愛く思えて、何時までも練習にお付き合いしていました。

一方で、セールストークをいち早く覚えてすらすらと話せる人もいます。そういう人が同期の新入社員の中でもリーダー的な一面を見せてくれると、周りも期待します。

そんな中で、毎年なぜか一人くらいは、営業現場を想定したロールプレイング（以下、ロープレ。実戦さながらの訓練）をコント風に演じて、わざと人の笑いを取ろうとする新人がいるのです。好意的な見方をすれば、サービス精神にあふれ、アドリブもきく器用な新人に思えます。人見知りで、口ベタな人間には、なかなかできない芸当です。

ところが、研修中にロープレの実演をコント風にやっちゃう人は、なぜか、営業現場に出るようになると真っ先に挫折して辞めていってしまうのです。

新卒で入社した女性社員の白石さん（仮名）は、人事部からの資料を見る限り学業成績はよく、人なつっこい性格で、先輩社員ともすぐに打ち解けられる人でした。研修ではセールストークの覚えが一番早かったので、他の人もこれくらいには早く到達してくださいね、という意味で、皆の前でロープレを実演してもらうことになりました。

すると彼女は、即興でコントみたいな状況設定をして話し始めたのです。研修ルームにいる社員にぐるりと囲まれていても臆《おく》することなく、おどけた振舞いをしながら周りを笑わせていました。講師スタッフが、「彼女、度胸あるね。期待できるよね」なんて、のん気に耳打ちをしてきましたが、私はなんとも暗い気持ちになっていました。

心配は現実となりました。営業初日、現場から彼女は、嗚咽《おえつ》をもらしながら電話をしてきました。

「……無理です、もう辞めます」

泣くくらいは、別にいいのです。私も新人の頃は、（恥ずかしながら）よく泣いていましたから。しかし、励まそうにも「もう辞める」の一点張りとなれば、お手上げです。

退社手続きの日に白石さんは、お世話になったお礼としてのハンカチタオルを、責任者の人数分持ってきました。数日間しか在籍していなくて、そんな気遣いをする新卒は珍しいです。本当に、いい子なのになあと、残念でなりませんでした。

入社年度が違う池田くん（仮名）のケースも紹介します。

やはり、研修の5日目くらいに、私がお客様の役割を演じて、新入社員全員とセールストークのロープレを行なったときの話です。

練習中には、一番そつなくこなせた池田くんの順番になりました。新規の営業先に飛び込みでアプローチをするといった想定をして、お客様役の私が軽く反論を出してみます。すると池田くんは、ポケットからハンカチを取り出して、汗もかいていないのに顔を拭《ふ》き始めたのです。ああ、また何か始まったなと思い、成り行きを見ていると、

「マネジャー（私のこと）、ここは『ハンカチ王子かよ！』って、突っ込むところですから！」

と、漫才のツッコミを要求してきたのです。

周りの同期の新人たちからは、クスクスと笑いが湧《わ》き起こりました。笑いが取れた彼は、いわゆる「どや顔」です。

「池田くん、いまのぜーんぜん面白くないから本当のお客様の前ではやらないでね」

「ええっ、ここ大阪だから、笑いを取ったほうがいいと思ったんですが……」

彼もまた、残念ながらすぐに辞めていきました。

なぜ「期待のエース」と呼ばれた彼らは、こんなふうに心を折られてしまっ

たのでしょうか。

近ごろの若者はメンタルが弱いから？　私はそれだけが理由ではないと思います。

営業が必要とする、特別なコミュニケーション能力がある

答えはひとつです。**彼らが、素《す》の自分をむき出しにして勝負していたからです。**

彼らが自信を持っていた「人間関係のコミュニケーション能力」と、**営業の現場で必要とされるコミュニケーション能力とは、まったく異なるものです。**

人間関係のコミュニケーションと、営業のそれとの違いは、コミュニケーションのゴールを、**縁も付き合いもなかった他人様に「買う」という決断をしてもらうことに置いている点**です。

はっきり申し上げますが、消費者の方が喜んでお金を使ってくださるのなら、サービスを提供する企業は営業マンを使わなくても大丈夫ですよね。売りにくい類《たぐい》のものだからこそ、営業マンの存在意義があるわけで、ものが簡単に売れないのは、そもそも簡単に売れないものを扱っているからなのです。

はじめはどの人が顧客になっていただけそうなのかがわかりませんから、きっと、若いあなたはすべての営業ターゲットに全力でぶつかって行くことになるでしょう。

でも、商品を要らないと思っている方にとっては、「おたくに悩みを解決してもらわなくてもけっこう」「うちがどこの製品を使っていても、おたくに言う必要あるの？」こんな反応になります。

こんな、無下《むげ》な「断り」を受け続けていると、あなたが、「いい人」であればあるほど、神経がまいってしまうかもしれません。まして、もしも人生で初めて受けた拒絶が飛び込み営業の断りだとしたら、それはショックが大きいでしょうね。

そうでなくても、営業現場で出会うお客様には、本当にいろいろな人がいます。あなたが本当に「自分らしく」仕事をしていきたいのであれば、「自分らしさ」をむき出しにせずに、簡単に傷がつかないように守ることが大事です。

では、どうするべきなのか。私は、どんな営業マンも、営業のための「顔」作りをするべきだと考えます。

2 営業マンは、仮面をかぶれ！

営業が持つべき「顔」とは

人は、時、場所、場合によって、いくつもの顔を使い分けているものです。

たとえば、私の知人女性は、仕事モードでは断定的な口調で歯切れよく話すやり手のビジネスウーマンですが、自宅に帰ればキティちゃんの部屋着に着替え、飼い犬に「ん〜、●●ちゃん、可愛いでちゅね〜」と、幼児言葉で話しかけています。

また、ある男性は、飲み会では盛り上げ役を買って出る、気さくで明るい人ですが、帰宅すると家族にはつっけんどんに振る舞っているといいます。

良い悪いは別にして、どちらの顔も、本当のその人です。このように相手によって使い分ける人格を、心理学用語では、「ペルソナ（仮面）」と呼ぶそうです。

ペルソナはあなたの偽者ではありません。ペルソナを作る材料は、その人の心の中にもともとあるものだそうです。たとえばプライベートでは暗い性格でも、営業で出会うお客様に対しては明るく印象よく振る舞える人がいます。それは元来その人に備わっているのだけれど、あまり表に出てきにくかった「人に好かれる長所の部分」です（私は心理学の専門家ではないので、ここからは「ペルソナ」ではなく、**「顔」**とか、**「演じる」**という表現を使うことにします）。

では、営業が持つべき「顔」とは、どんなものでしょうか。

それは、あなたがなりたい人・ありたい姿の「仮面」です。それを営業活動をしている間、上手にかぶりきる（あるいは演じきる）練習をすることです。

疲れないために「顔」を持とう

「言ってることはわかるけど……、演じるのって、疲れませんか？」

もしかしたら、「ペルソナ（仮面）」とか、「演じる」という言葉に違和感をおぼえる人がいらっしゃるかもしれませんね。
じつは逆なのです。**疲れないために、営業としての「顔」を見つけるのです。**

先に、「営業は、君という人間を買ってもらうんだ」という話は間違っている、とお伝えしました。

その理由は、断られるたびに「自分は、ダメな人間なんだ」と思って、自分そのものを否定してしまうからです。

しかし、「演じて」いる営業マンであれば、お客様に見せているのは、営業モードのキャラクターです。私自身、断られても、「なるほど、まだ『顔』の作り込みが足りない」と、ショックを受け流し、謙虚に受け止められるようになりました。

売れる営業マンは、決して「鉄の心」を持った人ではありません。むしろ、お客様の心を敏感に察知できる「繊細な人」が多いです。

新規開拓の営業では、**お客様も、初対面のあなたに人見知りしています。**いきなりやってきたこの人は悪い人ではないのか、話を聞いて何か得があるのか——。判断に迷い、自分を守ろうとします。考えてみれば当然のことですが、多くの人が意外と気にしていない事実です。その繊細な気持ちは、人見知り・人嫌いのあなただからこそ、理解できることだと思います。

そして、そんな繊細な心を大事に持ったまま、「断り」を受け続けるためには、営業の「仮面」をかぶることが不可欠なのです。

慣れてくると、初対面のお客様に「この人は、こういう人なんだ」と思ってもらえるのも楽しく感じられてきます。

➡「なりたい姿」は自由自在

あなたのなりたい人は、きっと「売れる人」ですよね。では、売れる人のイメージを連想してみましょう。職場のトップセールスの方や、目標にしたい方を頭に思い浮かべてください。自信に満ちあふれている感じ？　それなら、背筋を伸ばして、目をそらさず落ち着いた口調で話せるといいですね。

会話に笑いがあって、温かい雰囲気作りのできる人も素敵ですね。そういう人は、朗《ほが》らかに声を出して笑っている気がしますね。商品や業界の話題が豊富なら、業界誌、専門誌を読みこんだり、新聞のスクラップを作ったりして、ニュース性のある情報をいつでも話せるように準備しておく習慣を持つとよいですね。

こんなふうに、自分のありたい姿に向けて、自分の足りないものを想像し、それを少しずつ自分の「顔」に付け加えていくのです。

「なりたい人物像」は、頭の中で想像（あるいは、創造）することばかりではないと思います。いつも頭の片隅に置いておきアンテナの感度を高くしておけば、本を読んでいても、テレビを観ていても、リアルでお会いした人の中にも、長所として取り入れたいモデルはたくさん見つかります。何も、職場の中からお手本を見つけるだけが方法ではありません。

このように、営業では、「なりたい人物像」「ありたい姿」を演じていくほうがうまくいきます。
そしてこの「顔」は、あなたのような口ベタ、人見知り、人嫌い……といった、コミュニケーションに自信がない人ほど、身につけやすい、インストールしやすいものなのです。

私は、この口ベタ・人見知りな自分の「素《す》」を封印し、「顔」を持つことの重要性に気づくのに、まる2年かかりました。それでも、そこから一発逆転することができました。

「やる」のは、いつでもいいのです。やり方は、すべて本書に書いてあります。重要なのはやるかやらないか。

いま、あなたがここで気づいて、自分を変えるか、変えないか。

あなたの「なりたい人」は、そんなとき、どんな行動をするでしょうか？

第2章

学歴なし、売上なし。低迷社員だった私

「お荷物社員」だった頃

先にお話ししたように、私は口ベタで人見知りのお荷物社員でした。では、なぜそんな私がトップセールスウーマンとなり、女だてらに、モーレツ営業会社のマネジャーをつとめるまでになれたのでしょうか。

それは私が、自分がいかに人見知り、コミュニケーションベタのダメ人間かを自覚し、それを自分で認めることができ、逆に営業という仕事に生かせたからだと思います。

この道行きに、皆さんのヒントになるような何かがあればと思い、お話しいたします。

姉の病気、高校中退

私の出身は愛知県です。ごく普通のサラリーマン家庭に育ちました。幼い頃の記憶といえば、近所の子たちとの「ごっこ遊び」。小学校では、ドリトル先生シリーズが気に入って図書館に入りびたる、本好きで空想好きなどこにでもいる女の子でした。

私が小学5年生のときのことです。2歳上の姉が病気の治療のために、何カ月もの間、入院することになりました。

入院先はバスや電車を何度も乗り継がなくてはたどり着けないほど遠い大学病院。共働きの両親は、平日はなかなか行ってやることができません。

両親が姉を見舞いに行く日曜日は、私は家でひとり留守番です。

「私もついて行きたい」

と、ねだっても、

「あんたが一緒にいると、お姉ちゃんがやきもちを焼くからダメ」

と、母に押しとどめられました。

何度かは、一緒に病院へついて行ったことがあります。私だって、姉に会えなくてさびしかったですから。でも、病室に顔を出しても、すぐに待合室に引っ込められました。

ずいぶん後になってから知ったのですが、姉の病は治療方法すら確立されていない難病でした。30年たったいまは予後も良く、本人は元気でいるから言えることですが、病名がわかった当初は、お医者さまから最悪の場合のことも聞かされていたそうです。両親の驚きようと嘆きは、想像に難《かた》くありません。

入院中に姉が受けた検査の中には、背骨に注射針をつき刺すものもあり、母は、姉の痛みを代わってあげたいと泣いていたそうです。

ところが、妹の私には詳《くわ》しいことを知らせないでいてくれた両親の配慮が、逆に私にとっては疎外感をつのらせる結果となっていました。

（お姉ちゃんは、お母さんのそばにいられる私のこと、憎いのかな……）

次第にそんなふうに考えがちになっていたのです。

ある日母からお使いを頼まれました。姉が入院先で読んでいる雑誌の読者全員プレゼントの応募はがきを、郵便ポストに投函《とうかん》してくることでした。

母は私にその「はがき」を手渡した後、急に怖い顔をして、

「お姉ちゃんのなんだから、送り忘れたら許さないよ！　わかったね！」

厳しい口調で、そう付け加えました。

（……どうしてそんな言い方するの？　どうして私に怒った顔をするの？）

いま思えば、母はただ精神的に余裕がなかっただけだと思います。無理もないことです。しかし、当時の私は、母の気持ちも、姉の気持ちも思いやることができないでいました。それどころか、「お姉ちゃんじゃなく、私が病気になったほうがよかったのかしら」と、孤独感をつのらせてしまいました。

私は、母の言いつけを守れませんでした。預《あず》かった「はがき」を捨てたのです。どこに捨てたのか、そこだけ記憶がすっぽりと抜け落ちていますが、わざと投函しに行かなかったことは確かです。

いつまで待っても景品が届かないことを、母が不審がらないかとびくびくして過ごしました。次第に家族と距離を置くようになり、家では無口になっていきました。

その後、姉は無事に退院しましたが、私はそのとき以来、両親と触れあうことを避け、干渉されることを嫌い、荒れた反抗期を過ごしました。

「お前は、偏屈だ」とか、「あんたは、話さないから考えていることがわからない」と言われ、よけいに自分の殻《から》に閉じこもるようになっていきます。本当は愛されたかったくせに、親や学校の先生の存在をうとましいものとしか思っていませんでした。そうして先のことなど深く考えもせず、高校を2年の1学期で辞めてしまったのです。

いま振り返ってみれば私のしていたことは、やることなすこと浅はかで、甘ったれていて、未熟で、恥ずかしい限りです。心配をかけた両親には謝りたいことだらけです。自分の人生を大切に生きるという発想は、まったく欠落していました。

「いまどき高校も出ていないから……」

高校を辞めてしばらくは、地元にあるカフェでアルバイトをしていました。いつまでもふらふらとしていてはいけないと思うようになり、18歳になった頃には歯科医院に助手として勤め始めました。

この歯科助手という仕事は、患者さんに対してできることに制約があります。もっといろいろと任せてもらうには、歯科衛生士の資格が必要でした。ところが、専門学校に通って国家試験を受ける前に、受験の条件は高卒以上となっています。

(新しいことを始めたくても、学歴ないのは不利だなぁ。自分が悪いんだけど……)

将来に対して漠然とした不安を抱くようになりました。そんな心の内を趣味友だちのM子(短大卒)に打ち明けたときのことです。

「いまどきさー、高校も出ていないからだってぇ」

彼女の言葉に、カチンときました。その場では何も言い返すことができませんでしたが、心の中では、「それがどうした!」と、反論していました。

「M子みたいなクソ偉そうな奴に、一生劣等感を持ちながら生きるのは嫌だ。受験資格がないなら、取ればいいのだ!」

目が覚めるのが少々遅いのですが、この悔しい気持ちを決意に変えて、大検(高卒認定試験)を取るための準備を始めました。20歳のときのことです。

年に1回の試験日まで5カ月を切っていました。猛勉強したかいがあったのか、幸運にも全科目、一発合格。さあ次は大学受験といきたいところでしたが、このあとは先立つものが必要でした。そもそも私は、大人の忠告を聞かずに自分勝手に高校を辞めたわけです。いまさら両親に、「大学に行きたいから学費ちょうだい」なんて厚かましいことは言えません。

ここは焦らず、お金を貯めるためにも、仕事を変わってみようと思いました。

歯科医院を退職し、求人誌を買ってきてはながめ、良さそうな会社に履歴書を送ってみたりしていました。しかし、応募した先の会社には連続して不採用。気落ちしかけていた頃、目にとまったのが、「並のヤリガイではありません!」というキャッチコピーがおどる募集記事でした。募集職種の欄には、「企画・編集・営業」と書いてあります。

「企画、編集かー。かっこいいな（営業の文字は見えているけど見えていない）」。基本給と手当を合わせて初任給20万円。交通費全額支給。社保完備。「おおっ、なかなかいいかも（条件が）」。

その会社こそが、私に営業の修行をさせてくれた、中央出版です。

想像以上に厳しかった営業の仕事

採用面接をしてくれたのは、その後私の上司となった事業部長でした。面接では、「当社では、どの部署を希望している人でも、必ず営業職からはじめてもらうのが、創業以来の方針です」といった説明を受けました。営業の大変さなど知るよしもなく、なにしろ採用されたいから前向きな返事をしました。その場で採用決定です。

入社してすぐに現場に出されるようなことはなく、丁寧な導入研修がありました。商品知識や業界動向の理解をはじめ、セールストークのマニュアルを徹底して覚えます。右も左もわからないうちは、与えられたマニュアルを丸暗記するのが精一杯でした。

マニュアルになっているものは、一定の時間を与えられれば、たいていの人なら覚えて話せるようになります。しかし、現場に出れば待っているのは、断ることがプロのお客様たちです（まあ、待ってはいないんでしょうけど）。営業テクニックなどなにもない新人は、お客様の断りや反論に、うまく対応できず撃沈されます。

「それでいちいち落ち込まなくてもいい、はじめは慣れるだけでいい」と上司に言われるのですが、その慣れること自体が簡単ではないんです。

毎日、断りを受け続けていると、だんだん現場に出るのが怖くなります。訪問先のお客様に、また拒絶されるかと思うと、目に見える景色が不思議とセピア色に変わってくる気がします（ご契約をいただけた日の風景は、夜でもばっちりフルカラーなんですけどね）。


私は、中学生向けの学習教材を販売する部署に配属となりました。営業対象は個人のお宅、アポなしで飛び込むのです。

その営業活動の初日、私は現場の断りの厳しさにノックアウトされます。

中学生のいるお宅をすべて訪問するのですが、どこも厳しい反応でした。後で聞いた話によると、子どもがいる家だけに絞った営業、とりわけ中学生対象は教育関連で競合する業者が最も多いため、お客様の警戒心が相当に強いらしいのです。

断りがつらくて、営業車から降りられない……

その日は、朝から雨が降っていました。

意気込んで向かった一軒目では、あっさりと門前払いでした。気を取り直して、次々とアタックしていきましたが、

「けっこうですから！」

「……ガチャ！（無言でインターホンが切られる音）」

取りつくしまなし。

覚えたてのセールストークを披露できる機会は一度もやって来ず、すべての訪問先で秒殺されたのです。中でも、中学生のお子さん本人に無下《むげ》に断られたときは、大人から断りを受けるショックの数倍もダメージがありました。

はじめの勢いはすっかりどこかに消えてしまい、現地を回る気力は次第に奪われていきます。

よくこういった回顧録では、「最後の一軒で買ってくださるお客様に出会え

ました。あのときあきらめていたらいまの自分はありません」といった教訓的エピソードが語られるのではないでしょうか。私の場合はうんと格好悪い結末です。責任者の車が迎えに来る時間にはまだ早いのに、待ち合わせ場所にさっさと逃げ帰ってきてしまいましたから。膝《ひざ》から下を雨でぐしょぐしょに濡らしながら、ぼーっとその場に立っていたのです。

また、こんなこともありました。

当時、営業の行き帰りは、数人で1台のバンに乗り合わせ、現地に着いた者からひとりずつ降ろされていました。営業のつらさがボディブローのように効いてきて、ずいぶん弱ってきていたある日、自分の担当エリアに着いても車から降りたくなくて、めそめそと泣き出したことがあります。

駄々をこねている子どもか……。思い出すと恥ずかしくて笑うしかないですが、このときはSOSの発し方すらわからなくなっていたのでしょう。

運転していた責任者は、私を車から無理に降ろすことはせず、他の人たちを送った後、私の話を聞くために喫茶店に向かいました。

明るい店内、ジュースを飲んで気を落ち着けた私は、昨日、営業現場であったつらい出来事を責任者に促《うなが》されるまま話しました。「営業マンが嫌いだ」と言う男性のお客様から、謂《いわ》れのない人格攻撃をされたこと。相手はお客様だから、言い返すのを我慢したが、理不尽に思い、悔しくてたまらなかったこと。今日、車中で思い出し、恐怖心がわき起こってきてしまったこと。

話したら、少し気が楽になりました。その後は、結局は短い時間でしたが、現場を回ったと記憶しています。

「辞めたら楽になるかな」と、頭をよぎることもありました。

でも、負けたまま消えて、忘れ去られていくのは、もっと嫌でした。

立ちはだかる、「口ベタ、人見知り」の壁

入社4カ月目にもらったお給料の手取り額を見て、しまったと思いました。入社後3カ月間だけ支給される研修手当がなくなることを忘れていたのです。歩合給がまったく稼げていないので、基本給だけのさびしいお給料袋でした。

このとき私は、3カ月間飛び込み営業を経験したあと、テレアポ営業のチームに移っていました。テレアポ営業は、飛び込み方式のようにお客様から面と向かって断りを受けなくて済む分だけ、精神的なダメージは軽減されたように思えました。体力的にも負担は少なくて済みます。

しかし、丸一日電話に向かっていながら、アポさえも取れなかった日は、本当に虚《むな》しくなります。契約が取れる、取れないといったところにさえ届いていません。

「今日一日、私はいったい何をしていたの？」

どんなに小さくてもいいから、結果を出して一日を終えたいと望むようになりました。

ただ、このような悩みを社内の先輩には打ち明けられませんでした。中途採用なので、新卒入社の人みたいに同期と呼べる人もいません。人見知りが激しいので、相手のほうから話しかけてくれれば仲良くなれるのに、自分から親しくなろうとして近づけなかったのです。

「長谷川さんって、食べ物の好き嫌いが激しそうだよね」と面と向かって皮肉を言われたことさえあります。人からは付き合いにくそうに見られていたということでしょうか。

人に対して愛想が悪い、愛嬌《あいきょう》がない。こういったことは、営業の仕事にも、職場の人間関係にもマイナスに働くだろうか、と気にはなりました。

「売れる人」というと、社交的でみんなのリーダー、どんな人とでもすぐに打ち解けてしまう。営業の現場では生来の人好きから、愛嬌ある笑顔と一流のトーク術でお客様を魅了し、魔法のように商品を売ってしまう。そして仕事はクールな顔で結果を出す傍《かたわ》ら、プライベートも充実（最近はこういう人のことを「リア充」と言うそうですね）……。

ちょっと妄想が暴走しましたが、皆さんも（王道として）想像するのはやはりこういう人物像ではないでしょうか。それに引きかえ、人付き合いが苦手で同僚になめられ、皮肉を言われてしまう自分……。「売れる人」は、きっと私とは違う人種なんだ、とすら思っていました。しかし、内面がすぐに変えられるかというと、それは難しいものです。

しかし、もがきながらも、売れている先輩方を観察していると、決して日ごろから人好きな方ばかりではないということにも、うすうす気づいていました。

営業でご契約をいただくには、お客様に私のことを気に入ってもらうことが大切だと思っていました。それはあながち間違いではないと思います。しかし、その私って、どういう私なのでしょう。お客様は、ハセガワチナミさんを好きになって、何か得するの?

わかりかけたようで、でもまだよくわかっていない、夜明け前な感じでした。

私の転機――見せしめになった大阪の夜

漫画の世界だと、主人公が頬を打たれたような衝撃を受けて、何かに「ハッ!」と気づく場面がありますよね。現実の世界でも、それくらいにわかりやすく気づけるものなのでしょうか。

売れるようになったきっかけや、転機となった出来事は、あとで振り返ってみないとわからないくらい、渦中《かちゅう》にいるときは地味な顔をして近づいてきているものです。

でも、リアルタイムに気づけるようになってくると、毎日の仕事や生活の中に、「目からウロコ」な場面が、けっこう普通に転がっていることがわかります。それまでは、見ようと努力していなかったから、キャッチできず通り過ぎていたのだと思います。

「変わりたい」「壁を乗り越えたい」と切実に願い、見聞きすることに敏感になるからこそ、ブレークスルーのきっかけを、やり過ごさずに気づけるのではないでしょうか。

2年目を数える頃に、私の転機が訪れます。

私の最初の勤務地であった名古屋で所属していた課の責任者が、大阪にマネジャーとして異動することになり、私を含むその課員の4人が共に転勤することになりました。この頃は、私の営業成績は、社の平均値あたりをウロウロと漂《ただよ》っているレベルです。

大阪行きが決まってから赴任するまでの数日間に、本社の別のフロアーにいる見知った先輩たちが声をかけてくれましたが、必ず添えられるひとことがありました。

「大阪は、アポをすっぽかされるから気をつけろよ」

「よその常識が大阪では通用しないよ。俺も何度泣かされたことか」

過去に関西方面で営業を経験して、いかに通用しなかったかをご親切に教えてくれましたが、助言は何もありません。「どうせ、うまくいかないよ」という、失敗を期待している心の声が聞こえた気がしました。考えすぎでしょうか。「ふん、自分の失敗を正当化しているのね」。そのときはそう思って、相手のことを内心バカにしていました。

ところが、私の大阪のスタート月は、まんまと、販売件数がゼロで終わりました。

それまででもクビにならない程度でしか売れていませんが、ド新人の頃でも1カ月間をゼロで終わってしまったことは記憶にありません。折しも赴任した

10月は、翌月に始まる全社をあげての大セールスコンテストを控え、関西ブロックだけの前哨戦《ぜんしょうせん》が行なわれていました。その打ち上げを兼ねた社員旅行があり、近畿圏の営業所員すべてが滋賀県の琵琶湖《びわこ》を望むホテルに一堂に会しました。宴会広間で成績優秀者表彰が行なわれたのです。

もっぱら、私は下々の者として手を叩くだけの拍手要員です。ひととおり表彰が終わって、乾杯の音頭に進行が移り、会食が始まるのかと思っていたら、営業部長がマイクに向かって言いました。

「最後に、ゼロの奴！　前へ出てこい」

会場には、近畿圏だけとはいえ何百人もの社員が集まっています。私は成績ゼロとおぼしき数人とともに舞台に上がり、言われるがまま横一列に並んで立ちました。

「お前たち、みんなに顔をよく見てもらえ！」

見せしめってやつでしょうか。営業部長から叱責《しっせき》の言葉を投げかけられたのでしょうが、感情を押し殺して立っていたので何も耳には入ってきませんでした。解放されて自分の席へ戻る途中、本社から来られていた本部長（現在の社長）が声をかけてくれました。

「おう長谷川くん、どうした。大阪にはまだ慣れないか？」

「はい……。本当は、２セット（契約は）取れていたのですが、２つともキャンセルになっちゃったんです」

「そうか。まあ、がんばれよ」

さらしものになった恥ずかしさから、本部長の励ましに対して、返事もそこそこにしてその場を離れました。

しかし、猛烈に後悔の気持ちがわき起こってきました。ゼロはゼロなのに、本当は取れていたんです、でもキャンセルになったから仕方がないんです、こういう言い訳が先に立つ、潔《いさぎよ》さのない自分の発言に対してです。

「成績低迷は嫌だ、負けるのはみじめだ」と、その日の夜、ひとり悔しさを噛みしめました。

これまでは嫌なことがあると、いなくなれば済む、と思っていました。辞めるとか、顔を出さなくなるとか。あるいは、同僚とファミレスで遅くまでおしゃべりしたり、カラオケで歌ったりして、ストレスを発散することに熱心でした。でも、それって「その場しのぎ」なんですよね。嫌なことの原因は消えないし、解決にはなっていません。

私は、悔しい気持ちは、「発散しない」ことに決めました。

これは「根に持つ」といった意味ではありません。「うやむやにしないこと」です。

手を叩くだけの拍手要員だなんて、自分を卑下《ひげ》してつまらないことを言うのもやめよう。そう、誓いました。

この決意を胸に一念発起した私は、翌年のコンテストで3000名の社員の中で営業成績ナンバーワンとなりました。

次章から、その秘訣とメソッドを、あなたにお伝えしていきます。

第3章

誰でも「すごい営業」になれる！「顔」の作り方

1

人見知りを克服する「顔」の作り方、演じ方

「向いていない」という考えを捨てよう

「あの人は、私と違って営業向きの性格でうらやましい……」

営業でトップクラスの結果を出している人が、社内で注目を浴びて、きらきら輝いているのを見るにつけて、持って生まれた性格や才能がものを言うんだろうな、と思っていた時期があります。

「あいつは生まれついての営業マンだよな！」

皆さんの職場に、そんなふうに羨望《せんぼう》の的になっている人はいますか？

でも、お客様と接しているときの姿が、その人の素とは限りませんよ。完全なオフのときは、とても無口でおとなしい性格の人かもしれません。私みたいに（笑）。

就職する時点で、じつは自分が口ベタだという自覚はありませんでした。付き合う人が、気の合う友人に限られた狭い世界にいたからです。会社に入ってからは、会話能力のなさに嫌というほど気づかされましたけど。

入ったのが、営業では厳しいことで知られる会社でしたから、鳴かず飛ばずの初めの2年間が大変苦しかったのは、これまでにお話しした通りです。

ただ、自分は営業に「向いていない」とは考えていませんでした。「能力が足りない」と、思っていたのです。

いま振り返ってみれば、これはけっこう大事なポイントだったのではないでしょうか。もし向いていないと思い込んでしまったら、そこに居続けるのは時間の無駄だという発想になったかもしれません。でも、能力不足とか、能力がまだ身についていないというとらえ方でしたから、「努力しなくちゃ」という気になったのだと思います。

人嫌いなのに、トップセールスの先輩

さて、大阪での一件で、「その他大勢から抜け出そう」と強く誓った（実際

は、踏ん切りがついたという感じではありますが）昔の私ですが、「さて、ではどうするか……」と考えたとき、あることを思い出しました。

それは、断りの壁に打ち勝てず、もがいていた1年目のある日。社内で行なう勉強会のために、ちょうどいいスペースがあるという理由で、名古屋駅の西側にある、別名「駅裏支社」に行ったときのことです。

そこは、〝訳あり〟の社員が集められている風変わりな営業所でした。見るからにクセのありそうな社員（失礼）の中に、昔はトップセールスウーマンとして名を馳《は》せていたという、二人の女性がいました。小耳にはさんだ話によると、彼女らは協調性がないとか、会社をよく休むといった理由で、「駅裏支社」に流れてきたようです。

その女性たちと目が合い、あいさつをしましたが、そっけなくされました。同僚が、その人たちを以前から知っているらしく、「あの人たちは人嫌いなところがあるから気にしないで」と耳打ちしてきました。

人嫌いな性格なのに、トップセールスなんだ！

興味がわいて、仕切りの向こう側にいるその人たちを見ていると、私語ばかり交わしていて、真面目にアポの電話をする気配がありません。ここの所長が遠慮がちに注意すると、「仕方がないから、やるか」といったふうで、ようやく受話器を取りだしました。

すると、電話がつながるや否や、豹変したのです。

さっきまでの怠惰《たいだ》な態度とは人が違ったかのような、話しっぷりです。

私は、仕切りのこっち側で行なっている勉強会そっちのけで、この二人の元トップセールスウーマンに注意を向けました。

彼女たちは、お客様と「あっはっは、あっはっは」と声を出して笑いあっています。

（あれは、面白いことを言って笑わせているのではない。お客様の本音のツボを突いたから、つい相手が笑ってしまうのだ。そして、一件ずつの通話時間がすべて長い。アポが取れない人みたいに、一方的に切られたり、逆にこちらから「ご興味なかったですかねぇ」と切ることを促したりもしない。お客様が、気分よく話を続けたがっているのだろう。

優しく落ち着いた口調だけれど、語尾に力がある。親しみやすい話し方だけれど、言葉をきちんと選んでいるからくだけすぎない……)

お客様と接している間の彼女たちは、別人に思えました。

「あの人たちの通話の中身を聴きたい!」。そう思いながら、仕切りの向こう側を見つめていました――。

「これだ!」。そう思いました。

営業は、お客様の前で見せる「顔」がすべて。

子どもの頃からの、無口で無愛想な性格は、変えられないかもしれない。

でも、お客様に見せる部分だけなら、変えられる。あの先輩たちのように、きちんと作り込んでおけばいいいんだ!

目の前が、ぱっと開けた気持ちになりました。

自分の営業の「顔」に足りないものはなに？

そう気づいた私は、まずは自分の営業の「顔」に、足りていないところを探しました。

職場が、数字だけで評価される営業部だったこともあり、上司や先輩には、仕事ぶりへの助言以外にも、部下の人となりの善し悪しにまで言いおよぶ人が多く、私も自分の欠点をはっきりと指摘されたものでした。

言われたことは、「すました顔をしていて、とっつきにくい」「生意気」「ものの言い方が、そっけない」。どうですか、けっこう痛い所を突いてくるでしょう？

セールストークの練習のために、ロープレを見てもらえば、「なんか、お前の話し方、つまらないんだよなぁ」。

もちろん、自分から人を遠ざけようとしているわけでも、退屈させようとしているわけでもありません。

でも、そう見えているのなら、ものすごく損なことです。だって、「顔」を持たず、素《す》の自分で勝負していた当時の私は、お客様の前でもそのまま「生意気」で「とっつきにくく」、「そっけない」「つまらない話し方」をしていたのですから。

そりゃ、言われるたびにショックを受けます。その瞬間、顔に血液が集まってくる感じです。ただ、それまで生きてきた中で、誰にも指摘されることがなかったのは、相当言いにくいことだからでしょう。もし、20代のうちに言われずにそのまま歳をとっていたら……と考えると、背筋が凍る思いです。指摘されたことに逆ギレして会社を辞めていたら、ずっと裸の王様のままだったことでしょう（王様でもないですけど）。

いつも言われていたことを探せば、素の私では、少なくとも営業の仕事では勝負にならないことを自覚しました。

あなたもお客様や上司、ご両親など周囲から言われた指摘を思いだしてみましょう。もし指摘されたことがないなら（セクハラ、パワハラが問題となるご時世、いまはそれが普通なのかもしれませんが）、上司にロープレを見ていただきながら「私の話し方の問題点はどこでしょうか」と、指摘をお願いします。

場にふさわしい「顔」を演じる

上司に指摘されてから、「すました顔で話していてはダメなのだ」と、意識しました。私に足りなかったのは、表情はもちろん、話のメリハリ、起伏です。

「演じる」ことを意識し始めてから、話し方に抑揚をつけているつもりでも、自分のスタイルが定着するまでは、ただの「がらっぱちな（粗野で落ち着きがない）話し方」に聞こえていたかもしれません。でも、淡々とした話しぶりで退屈な印象を与えるよりも、何倍もましなはずです。

同時に、第1章で述べたような「なりたい人物像」「ありたい姿」を探り、その人がやっていることを想像し、一つひとつ実践するという作業をしていきました（29ページ）。

「芝居」と思うと、まるで人をあざむいているみたいな響きがあります。しかし！　全然そんなことはありません。

たとえれば、女性なら人前に出るとき、スッピンのままでは失礼にあたるのでメイクをしますよね？　男性も、オンとオフの服装は違いますよね？　お客様の前でふさわしい姿を「演じる」ことは、ＴＰＯにふさわしい装いをするのと同じことだと気づいたのです。名古屋の駅裏支社の「人嫌いのトップセールスウーマン」たちのように、どんな職業であってもその道で食べているプロであれば、お客様の前では、ふさわしい姿を「演じて」しかるべきだと考えるようになりました。

「プロっぽいトーク」ではまだまだ未熟！

営業マンの「顔」をうまく「演じ」られるようになるには、一に練習、二に練習、です。

あなたの会社にも、営業で成功するための「シナリオ」と、その軸となるトークスクリプト（台本）があることでしょう。そのトークスクリプトを穴があくほど見つめて、何度も声を出して読みあげ練習します。実践あるのみです。

よく、「いかにもマニュアルを読んでいます、っていう不自然な営業マンに見られたくないから、マニュアルを丸暗記して読み上げるのに抵抗があります」という人がいます（上司の方も「だからうちの会社はマニュアルを渡さないんだ」という主張をされることさえあります。しかも、けっこうな割合で）。

それは、間違いなく、単に練習がまだまだ足りていないのです。

営業マンのセールストークは、経験から申し上げれば、次のような段階を経て成長していきます。「営業初心者」→「マニュアル棒読み」→「噛まずに読める」→「暗記して、よどみなく話す」→「プロっぽく、話す」→「営業臭さが感じられない、自然な話し方」……いかがでしょう。あなたはいま、どの段階にいらっしゃるでしょうね。

ここで大切なのは、「プロっぽく、話す」の段階で訓練を止めてしまいがちですが、**売れる人は、その先を目指して反復練習を続ける**ということです。

かかってきた電話を取ったとき、まだ相手があいさつ以外何も言っていなくても、「あっ、セールスだ」ってわかってしまうこと、ありませんか？　恐らくそれは、営業の到達点のひとつ手前、「プロっぽく、話す」人なのでしょうね。プロっぽさがにじみ出ているようでは、まだまだなのです。

トークスクリプトを完全に自分のものにできているかどうか、判定するのはお客様です。

ただし、お客様からは、具体的な批評が返ってくることはありません。自分のアンテナの感度を高くして、お客様の反応から大切な何かをつかみ取ろうと意識を向けなければ、そのまま過ぎていくだけです。

営業の現場は、お客様に自分の営業スキルをアウトプットする場なのですが、同時に、インプット――相手から発せられるメッセージを営業のヒントや教訓として受け入れること――をする場でもあるのです。

自分が話すことに精一杯だと、相手に気を配ることが難しいですね。せめて、「暗記して、よどみなく話す」程度にはならないと、お客様の反応を観察する余裕が持てません。

また、話の起伏や表情に関しては、たとえれば、楽器の演奏の練習のように、反復訓練するやり方が効果的でしょう。いつも楽譜を最初から最後まで通して練習するのもよいですが、「ここの四小節を何度も繰り返そう！」と、まずは苦手な部分だけ繰り返すように訓練していきます。もしも練習に付き合ってくれる上司や先輩がいなくても、録音して自分でチェックしてみるとよくわかります。

ここまで見てきたように、**人見知りを克服するとは、営業の「顔」をしっかりと作り上げ、成功する営業のシナリオを、完全に自分のものにすることです。性格を直すことではありません。**

それでは私が、この「顔」をベースに、いかにして売れない壁を乗り越えていったのか、それぞれの営業シーンでの気づきと、編み出したメソッドをお話ししていきます。「顔」の磨き上げ方、といいましょうか。

では、一緒に、「次、行ってみましょう！」。

2 お客様の本音を引き出す、魔法のアポイント

電話だけで、買ってくれるお客様は見抜ける！

「9割の確率で買ってくれるお客様を、電話だけで見抜く方法がある」

そんな方法が本当にあるとしたら、知りたいですよね。

「9割とは言わなくても、買ってくれる見込みの高いお客様をキャッチしたい！」「脈のあるお客様を逃さない方法が知りたい！」という声を、コンサルティングの現場でもよく耳にします。

しかし、現場で日々格闘している営業マンのあなたは、こうも思っているのではないでしょうか。

「それが簡単にできないから、苦労しているんじゃないか」

特に人見知りで、口ベタな私たちには、なおさら難しいことに感じられると思います。「口ベタだから、テレアポは無理。アポも取れないのに、売れる営業になんか一生なれないよ」とあきらめている人はいませんか？

じつは、私が「顔」磨きの試行錯誤のなかで発見したこの方法は、口ベタでもまったく問題ありません。むしろ「トークに苦手意識のある口ベタな人だからこそ、効果を発揮する」と言えます。

「そんな方法あるのかよ？　うさんくさいなぁ……」と思ったあなたも、まぁ、だまされたと思ってもう少しこの先を読んでみてください。

レアな「ケン様」より、「セン様」を探せ！

見込み客を獲得するために、必死で「その商品を欲しがっている人」を探す人がいます。しかし、断言します。それじゃあダメなんです。

なぜかというと――じつは、**何かモノを欲しいと思っている人は、営業マンからは買わないい**のです。

欲しいと自覚しているお客様は、商品の価格やユーザーの評価をインターネットですぐに調べます。どの企業からどんなタイプの商品を選ぶのか、いつ買うのか、もしくは買わないという判断も、自分で決めたいと考えていることでしょう。あなたがもし、買う人の立場だったら、そう思いますよね。

ですから、まさにその商品を買うことを検討中だったとしても、呼んでもいない営業マンに「ちょうどいいところに来てくれたね。欲しかったんだよね」と言ってくれることなんて、まあなくはないですが、まるで夢物語です。

それなのに、「○○をご紹介しております。ご興味はございますでしょうか？」というだけのアプローチをしていては、たとえ1000件アタックしても、「興味あるよ」と言ってくれる相手に出会えることなど、まず期待できないでしょう。

営業を「その商品を欲しがっている人を探す作業」だと定義している営業マンは、すでにニーズが顕在化している人を求めてしまうために、大苦戦することになるのです。

では、いったい誰に的を絞ればいいのでしょうか。

答えはズバリ、「潜在ニーズのあるお客様」です。

ニーズはあるのに顕在化していない＝潜在、つまり、ご自身も自覚がないくらいに心の奥に潜んでいるので、よその営業マンはスルッと通り過ぎてしまうお客様のことです（長いので、以下は「セン様」と呼ばせてもらいます）。

そんな「セン様」のニーズを引っ張り上げて、「あ、僕、本当はこれが欲しかったんだ！」と気づかせること。あるいは、気づいてはいたものの、購買に向けた行動をまだ起こす気がなかった人、アタックしてくる営業マンや広告物に、いままでなら見向きもしなかった人、このような「セン様」の気持ちを揺り動かすこと。

これが、売れる営業になる秘訣なのです。

ニーズが顕在化しているお客様（「ケン様」と呼ばせてもらいます）よりも、「セン様」のほうが数としては断然多いのです。「セン様」をキャッチできるようになれば、数は多いのに、営業のライバルはほとんどいないわけです。買ってもらえる確率が飛躍的に高まるのが、わかりますよね？　平均的な営業マンと比べても、圧倒的な数の顧客獲得ができるようになるのです。

お客様は、選んではいけない

では、どうやって、「セン様」――潜在ニーズのあるお客様――をキャッチしたらよいのでしょうか。

コツは、お客様と電話でお話しする際に、相手のほうからクルリと振り向いてくれるように、ある言葉（セリフ）を質問に必ず織り込むことなのです。

別の言い方をすれば、お客様としてご縁のない方は、その言葉（セリフ）に反応しないため、自然と離れていかれる感じだと表現しましょうか。

この、自然と、というのがポイントなのです。故意にこちらから選別したり、見極めたりしないほうがじつはよかったりするのです。

というのも、**営業マンの自分が一番伝えたいことと、お客様が振り向いてくれるキーワードは、必ずしも一致しないのです。**そのことが、かつての私にはわかっていませんでした。わかっていなかったから、何百件電話をかけてもアポが取れなかったのだと思います。

私は中学生向けの教材を販売していたので、「成績アップ」「志望校合格」「短時間高能率」これらを一番訴えたかったし、お客様が振り向くキーワードも、この辺りだと考えていました。まあ、間違いではありませんが、競合する他社の営業マンや、塾、家庭教師派遣の宣伝文句も、皆似たようなことを訴えています。お客様はそれだけでは「どれがいいのか」を選べません。

自社商品の優れている点、他社と差別化できる点、それらをアピールしたければ、なにしろアポを取って、会っていただかないことには始まりません。

しかし、「とりあえず、見るだけ見てほしい」と、むりやり取り付けたようなアポでは、訪問しても居留守を使われたり、門前払いをくらってしまいます。

そこで私は、ご契約が取れそうな「条件」の人に当たるように、アポトークを考えてみました。そのときは、いいことを思いついたと思ったものです（なんとあさはかな……）。

成績が下降している子どもの親御さんは、上昇中の人よりも悩みが深いに違いない。だったら、テストの点数や学年順位が前回より下がった人を探し当てれば、きっとご契約をいただける確率が高いのではないか。

そう考えた私は、電話口で、お客様にこのような質問をしました。

「そろそろ、先週行なわれた期末テストの答案が返ってくる頃かと思いますが、○○くんの結果はいかがでしたか？」

いま思えば、本当にいやらしいトークですね（笑）。「大きなお世話。別にたくに心配してもらわなくても結構ですから」。このようにあしらわれるのがオチです。

その後、親というものは、末っ子よりも長子のほうに教育費をかけることをいとわないだろうとか、成績が5段階の3以下のお子さんの親は、危機感が強いからお金を出しやすいだろうとか、いろいろと考えましたが、すべてうまくいきませんでした。敗因ははっきりしています。「条件」ばかりに気が向かっていたからです。

昔もいまも中学生向けの教育マーケットは、激戦区です。お客様は、「成績が上がりますよ」「志望校に合格する実力がつきます」「3年生では手遅れですよ」……そういったうたい文句を毎日あびせられています。しかも親心の痛い部分をいちいち突いてくる売り込みに対して、不快な気持ちにさせられることもあるでしょう。

そもそも、売りやすいお客様を「条件」で探そうとすること自体が、自分本位な考え方ですよね。お客様を、自分のおカネを稼ぐ手段に見立てていることが、話し方や態度にもにじみ出ていたのでしょう。それを見透かされていたに違いありません。

良質なアポ獲得のための3ステップ

人は虚をつかれると、思わず本音が出やすいものです。

お客様をクルリと振り向かせる「セリフ」とは、セールストークでのさりげない質問や受け答えに、お客様が驚く「意外性」を持たせることなのです。
質問に織り込む言葉（セリフ）は、3つのステップで繰り出すことで効果がアップします。

ステップ1　お客様の悩みや課題が浮き彫りになる言葉とは何か、考える

お客様の悩みや課題を解決するモノやサービスを販売するのが営業の仕事。どんな言葉を引き出すべきか、考える

ステップ2　クローズドクエスチョンを活用し、質問する

ステップ1の言葉を引き出すためには、どう質問するべきか。その質問に反応し、振り向いてもらうための質問方法を活用する

ステップ3　お客様の言葉を受容する

2で引き出した発言を徹底的に受容し、十分に肯定する

この3つのステップを元に、どうやってお客様の心に迫っていけばよいのかを、詳しくお話しします。それをマスターすることができれば、どんなに競合

がひしめく業界（これをビジネスの世界では「レッド・オーシャン（血みどろの海）」といいます）であっても、スムーズに商談に進む可能性が高くなります。

まず、なぜそうすることがよいのか、それらを述べたうえで、実際にセールストークにどのように織り交ぜていくのかを、その後に示していきます。

ステップ1　お客様の悩みや課題が浮き彫りになる言葉とは何か、考える

お客様の悩みや課題を解決するモノやサービスを販売するのが営業の仕事です。そして、その課題はお客様との会話の中で、営業マンがうまく引き出してあげるべきものです（お客様は「セン様」ですからね）。


鍵は、お客様が、「そうなのよ！」「そこなんだよ！」と、思わず手を叩いてしまうほど、共感してくださる言葉を探し当てることです。

あなたの勧める商品やサービスを活用したいと望んでくれるお客様は、何に悩んでいる人なのでしょうか？

その人は、何を得られたら、幸せな気分になるのでしょうか？

あなたが最も訴えたいことは何か、ではありません。お客様が何を得たいのか、です。

では、質問を変えてみますね。

いままでに、商品を購入してくれた人は、あなたがお話しした中の、どのようなフレーズに激しく反応してくれましたか？

それぞれに、共通していることはありませんか？

すべて、お客様の反応の中に答えがありますから、よく思い出し、日々観察してみてください。

もしも、売れた体験がほとんどないからわからないという人は、社内の優秀な営業マンの中でも、一発屋タイプではなく持続力のある人から聞かせてもらってください。

私は特に、お客様から発せられる、つぶやきや、ぼやき、そういった肩の力の抜けた発言に注目していました。そこにお客様の（もしかしたら、お客様自身も気がついていない）本音が表れているからです。

「うちの子は、やればできる子なのに」（もっと力を出せる子だと、信じている）
「でも、親の言うことは素直に聞かない」（私の気持ちを代わりに伝えてやって）
こういう言葉が相手の口から自然とついて出てきたとき、予告なく接触してきた私に対して、少しずつ心を開いてくれるのが電話越しでもわかります。

私が、お客様から「引き出したい言葉」に気づいたとき、そしてお客様はその言葉にどういう想いをこめているのか、わかりかけてきたのは、大阪でのある苦い体験がきっかけでした。

少し、長くなりますが、参考にしていただければ幸いです。

ある日曜日のこと、日中と夜間に、1件ずつアポが取れていました。

1件目のアポのお宅は、家の中をエレベーターで行き来する大邸宅です。20畳はありそうな子ども部屋に営業対象の男の子が待っていてくれました。高級時計のロレックスが、中学生の腕にはめられているのを初めて見ました。

通された部屋が子ども部屋のときは、机と言えば勉強机だけで、テーブルはたいてい置いてありません。こんなとき、床（カーペット）に車座になって座り、資料を囲んでもらうようにしていました。そのほうが、お客様と触れ合いながら商談が打てるからです。

と、そのとき、飼い犬の真っ黒なアフガンハウンドが現れたかと思うと、カーペットの上に広げられた教科書や、私が持参した商品見本のテキストを、4本の足で踏みつけたのでした。

普通はここで、お母様が謝って犬を抱きかかえるか、部屋の外に追い出すものです。ところが、このときに私の口から出たのは、完全なおべんちゃらでした。

「わー。毛並みがフサフサ！」……とかなんとか言って、機嫌を取りにかかっていたのです。お犬様は、本の上に乗ったまま。私のプライドは、犬より低いものでした。

この家では、ご契約に至らずに終了しました。

次に向かったお宅は、さきほどとは対極にあるような住宅です。２Ｋの間取りの古い木造アパート（大阪では文化住宅と呼んでいます）に、お母様と３人のお子さんがいらして、その長女が対象でした。お父様は、いらっしゃらないとのことでした。

かなり倹約した暮らしぶりがうかがえる家です。見た目だけで決めつけては大変に失礼なことですが、このとき私は、お金の支払い不安が出るだろうなと思いました。どのお宅でも全力投球するのだという意識を一応は持っていましたが、胸を張って本気でそうしていたかと自分に問うと、うつむきたくなります。ここでも、ご契約はいただけませんでした。お子さん本人に、「別に、やりたくない」と断りを受けたのです。価格のお話をする前に商談は打ち切られ、私は安堵《あんど》したのでした。

ところが、一人になり、近くに停めておいた車に戻った途端に、虚無感に襲われました。

これまでも、不完全燃焼からくるいらだちや、くやしい気持ちは何度も味わってきていました。でも、この日の気分は、それらと違います。

（契約欲しさに犬にまでこびを売る、いやしい態度……）

（お客様のフトコロ具合を値踏みして、手を抜いたプレゼン……）

お子さんの成績だの、兄弟構成だのと言っているが、本当のところは、お客様に経済的なゆとりがあるかどうかで、営業としてのスタンスを変えているんじゃないのか！　最低！　最低！　自己嫌悪でいっぱいになりました。私はお客様に、教育についてモノ申す資格なんてない。もう仕事を、辞めてしまおうか。胸の中がぐちゃぐちゃになり、しばらくの間、車のエンジンがかけられずにうずくまってしまいました。

会社に戻り、辞めるなら、私物は少しずつ持って帰らなきゃなとぼんやりと思い、机の中のノートの束をゴソゴソと引っ張り出してみました。

入社したての頃に使っていたノートを懐かしんでパラパラとめくってみて、あるページで手が止まりました。朝礼の責任者の訓示をメモったものです。

『売ろうと思うな。友達になれ』

そして、その横に、「豚の鼻」の絵が描いてあります。「そんなことで売れるのだったら、世話ないわ」と、ブーイングの意味を込めた豚の鼻でした。

その出来事から数日後、先日の母子家庭のお宅のすぐ近所でアポが取れました。私は、この数日間ずっと心に引っかかっていたこの言葉を唱えました。

「売ろうと思うな。友達になれ。売ろうと思うな。友達になれ……」

10回以上は繰り返し、心に叩きこんでから、お客様の家のドアをノックしました。


「売ろう、売ろう」と思わなかったからか、目の前のお客様にお話しする一つひとつの事柄に集中することができました。この子は、やりたいと言ってくれるかなとか、この親御さんは申し込んでくれるかなとか、話の途中に余計なことは一切考えずに、お客様とのやり取りに没頭しました。

最後まで話し終えると、お母様がにこにこして「じゃあ、やらせてもらいます」と言われました。私はスムーズに承諾をいただけたことに少し驚いて、「ありがとうございます。下の妹さんにも使えますしね」と返事をすると、こうおっしゃいました。

「ううん、下の子は、下の子で、やりたいと言うものを与えてあげようと思っているから、まずはこの子だけでいいの。ねえ、Rちゃん、水泳教室を辞めたいって言っていたもんね。その月謝がこっちに変わるだけだから大丈夫よ。だから、公立高校に行ってね（笑）」

胸が震えました。

ご契約の書類を記入する文字を丁寧に書き込みながら、契約書作成は親御さんの子どもの将来を想う気持ちを真摯に受け止める儀式だ、そう思うようになりました。

買うかどうか、決めるのはお客様。営業の教科書に書いてあることが、このときにはじめて理解できた気がしました。

この日以来、「お客様と面談している間は、売ろうとは思わずに、友達になるのだ」と繰り返し唱えてから、ドアをノックすることにしました。アポがけするときも、その意識はまったくおなじです。

そして、お客様から発せられる、つぶやきや、ぼやき、そういった肩の力の抜けた発言に敏感に反応ができるように心がけ、アポでは商談につながる発言かどうかの関係性に注意するようになりました。

もともと口ベタな私は、いつも誰かとの会話の後で、「あんなこと言っちゃったけど、どう思われたかな」「あのとき、ああ言えばよかったな」と悔やみがちでした。「なるようになるさ」と開き直ることができない性分です。同類のあなたも、そうでしょうか？

でも、くよくよと振り返っていたからこそ、お客様から与えられたヒントに気づくことができたのかもしれません。

ステップ2　クローズドクエスチョンを活用し、質問する

お客様への聞き方もかなり重要です。

質問の形式には2種類あり、オープンクエスチョン（自由に答えられる質問）と、クローズドクエスチョン（はい、いいえで答えられる質問）があります。

テレアポでは、オープンクエスチョンは、まずやめたほうがいいでしょう。

「え……？　会話がそこで終わってしまわない？」と、意外に思われる方が多いようです。会話のマニュアル本などにも、クローズドクエスチョンでなくオープンクエスチョンで話すことの効用を説いたものは多いですよね。

オープンクエスチョンというのは、相手の答えの自由度が高く、話題が広がりやすいといった長所があります。商談の場で、オープンクエスチョンを上手に活用すると、相手のニーズにより深く迫ることができるでしょう。

ただしそれは、相手が会話することに少なからず積極的になっていることが前提です。

初対面であっても、お客様から問い合わせてくれたり、関心を持って来店してくれたりするなど、能動的に動いてくれる相手に対してはオープンクエスチョンが有効でしょう。

つまり、会社が広告宣伝費を使ったり（使わせてくれたり）して、事前に集客をしてから商談ができるやり方です（これを、営業の世界では「プル型営業」

と呼びます。反対に、テレアポや飛び込み営業など、お客様と接触するきっかけは営業する側から仕掛けて行くのが「プッシュ型営業」です）。

しかし、セールストークを組み立てるうえで、忘れてはいけない前提を29ページで述べましたが、覚えていますか？　そうです。

「お客様は、営業マンであるあなたを警戒している」ということです。

そういう前提を脇に置いて、「営業の達人は、オープンクエスチョンの達人である」「クローズドクエスチョンは会話がすぐに途切れてしまう」といった考え方を鵜呑《うの》みにする必要はありません。

警戒心が解けていない相手に、オープンクエスチョンで、「何か、ご不安なことがおありでしょうか？」なんて聞いたって、そりゃ、答えにくいでしょう。

「不安はあるけど、アンタには教えない」って、返ってきそうですね。

ステップ3　お客様の言葉を受容する

それでは、質問形式のセリフに特に留意していただき、私がアポ取りするときにお客様とどんな会話をしていたか、参考にしていただきたいと思います。90〜91ページに挙げるスクリプトをご覧いただければわかるように、質問するときは、ほとんどがクローズドクエスチョンを使っています。

冒頭に、①「お子さんは勉強が好きですか」と聞いていますが、好きなのか嫌いなのかを知りたいから質問しているわけではありません。嘘をつかれたお客様はつい力が抜けて笑いがこぼれてしまい、警戒心のガードが下がるからなんです。警戒されたままだと、次の②の質問に「人生、テストの点数がすべてじゃない」と反論されることがあります（たとえ、本心じゃなくても、ね）。

そうやって、クスッと笑ってもらってから、相手が日頃思い悩んでいるであろうことを、②のように第三者話法で投げかけてみますと、「イエス」がもらいやすくなるのです。

そして、お客様がふともらした言葉に対しても、たっぷりと気持ちを込めて共感し受け止める（④）と、悩み事をポロッともらしやすくなるのだと思います。また、お客様ご自身の口から「いい点数を取ってほしい」とか、「取るに越したことない」と言っていただくことが、ミソなのです。間違っても、こちらから、「いい点数を取ってほしいですよねえ？」と、イエスをくれ、とばかりに押しつけてはいけません。

あくまでも、お客様ご自身の口から、一度でも言ってくれれば③、その後に続く質問にも、「イエス」が返って来やすいのです。ご自分で「イエス」を言った後で、「別に、取れなくてもいい」と逆を言えば、言葉に一貫性を保てなくなるからでしょうか。

ただし、最初からネガティブな反応しかしない相手や、冷たい口調で断りを入れてこられる人には、丁重にお礼を言って、話を終えればよいのです。世の中すべての人に買っていただけるわけではないので、そこは割り切りましょう。

アポが取れない人は、自分が伝えたいことをしゃべろう、しゃべろうとして、「聞く」姿勢がおろそかになりがちなのです。その熱心さが、裏目に出てしまいます。しゃべることに自信があるのは素晴らしいことですが、自信が鼻

私の「9割売れる」トークスクリプト

営業　「こんにちは。私○○社の長谷川と申します。□□中学2年生のまなぶ君のお母さんでいらっしゃいますか？」

お客様　「そうですけど、なにか」

営業　「どうも、はじめまして。じつは今日お電話いたしましたのは、これからの中間期末テストに的を絞った、学習システムのご案内なんですが」

お客様　「ああ……」

営業　「先週期末テストが終わって、お子さんもホッと一息ついていらっしゃる頃かと思いますが、お母さんからご覧になって、まなぶ君は、勉強は好きなほうでいらっしゃいますか？」――①

お客様　「えー？　好きなわけないでしょう！（笑）」

社名と氏名は真っ先に名乗ります。

お電話をした目的もすぐに告げます。

お客様は「教育関係のセールスなら断ろう」と、反射的に考えます。ところが、ここでこんなことを尋ねられるとは予想しませんから、拍子抜けすると同時に警戒心のガードが下がります。

営業　「あっはっは……。そうですよね。好きなわけないですよね！　でも皆さん、『勉強は嫌いだけど、テストではいい点が取りたい』って言われるのですが、まなぶ君はどうですか？」――②

お客様　「そりゃあ、誰だっていい点とるのに越したことないわね」――③

営業　「そうですよねえ。ただこの時期になりますと、学習内容が急に難しくなってきますから、

（お客様：「そうだねえ」）

ですよね！　皆さん、得意科目と苦手科目の差が点数となってはっきりと表れてくるんですよね。ですから、この夏休みの過ごし方で、2学期からの成績が大きく変わってくると言っても過言じゃないんですよね」――④

質問はすべてクローズドクエスチョンになっています。

ここも、一見オープンクエスチョンのようですが、第三者話法を織り交ぜたクローズドクエスチョンです。


この辺りからは、シリアス調で話すとよいです。


ぼそっとしたつぶやきにも、必ず話を止めてあいづちを打ちます。

ここはきっぱりと言い切ります。まなぶ君の個人のことではなく一般論だからです。

については逆効果ですね。

また、とても大事なことなのですが、電話で「間」や、「沈黙」を恐れる人がいます。質問して、瞬時に答えが返ってこないと、「もしもしっ!?」と急かしたり、間を空けるのは禁物とばかりに、矢継ぎ早にトークを繰り出したりする愚を犯してはいないでしょうか？　相手は、ただ単に、「うーん、いま聞かれたことに、なんて答えようかな？」と考えているだけなのに、聞こうという姿勢がないようでは、良いアポは取れません。

せっかくなのだから、口ベタのいいところを生かしましょう。

9割の確率で買ってくれるお客様が見つかるテレアポとは、こちら側でお客様を選別するのではなく、可能性の高い人だけが自ら、電話を切らずに残ってくれる感覚なのです。

こちらの投げかけた言葉に共鳴してくれて、未来に希望を感じてもらえると、なんでもないセリフに魔法がかかり、会いたいお客様とのご縁がつながるのです。

3 「断られる力」の磨き方

「想い」や「根性」などなくても、断りの壁は乗り越えられる

飛び込み営業では、その名の通り、相手先にいきなり飛び込むところから始まります。テレアポ営業で最初にすることは、予告なく相手に電話をかけることです。どちらも、断られて当たり前の状況が待っていることがわかっていても、アタックしなければなりません。

人見知りで口ベタなあなたも、「そんなの無理だよ〜」「できないってば……」と、消極的（最近では、「メンタルブロック」というらしいのですが）になりがちな自分と付き合いながら、商談のチャンスを求めて、アプローチの断りを突破しなければなりません。

口ベタな人には、口ベタなりに、ダイレクトメールやニュースレターなどを

使ったアプローチの方法があることはあります。しかし、所属会社の方針により、プッシュ型営業でガンガンと勝負しなければならない人はたくさんいるでしょう。

第2章では、恥ずかしながら飛び込むのが怖くて泣いていた、私の新人時代の話をしました。現在、コンサルティング先で偉そうに営業の指導をしている私が、そんなマイナスイメージになりかねないことをあえてバラしたのには、理由があります。

断りに対する「メンタルブロック」は、誰にでも乗り越えられることだ、ということをわかってほしかったからなのです。

たとえば、「想い」や「目的」がないから続かない、という人もいます。しかし、起業したくて、そのためにはお金を貯めたいし、営業くらいマスターしておきたいという目標がある人。大きな借金を背負ってしまった崖っぷちの人。扶養家族が一気に増えて稼がねばならない人。そんな動機や目的を持つ人たちであっても、断りを受けることがつらくて、短期間でつぶれてしまうこともあります。

年齢も関係ありません。「最近の若い子は、ハングリーさに欠けるよな」といった、オジさんのぼやきは、あまり気にしないでください。

断りに負けない「技術」を身につけよう

断りに負けないために、性格を変える必要はありません（変えられませんし……）。

あなたの営業の「顔」に、「断りをスルーできる技術」を身につけさせれば、大丈夫です。


「スルー」という表現を使うくらいですから、「断りを、言葉でうまく切り返す」といったスタイルとは少し異なりますが、誰にでもできる方法です。

新人さんでも、この技術をおさえて、あとは普通程度の真面目ささえあれば、営業では通用すると思っています。

たとえれば、誰かに愛情をこめた料理を作ってあげたいとします。食べさせたい相手をどれだけ深く愛していても、料理の技術がゼロであれば、相手の体に悪いもの、マズイものしか作れません。一方、愛情はまったく感じていなくても、美味しい料理を作る技術があるほうが、食べてもらう人にとっては安心でしょうし、喜ばれるでしょう。

営業も、相手あっての仕事、という点で同じです。テクニックがともなわなければ、「想い」や「根性」だけでは乗り切れないというのが、私の持論です。また、結果がともなわなければ、営業職でやっていける気がしないため、気力はしぼんでいくでしょう。

さらに、「断りをスルーできる技術」を身につけていれば、理不尽な断られ方をしたときにも、自分を守ることができるのです。

営業の仕事をしていると、嬉しい出来事にたくさん出会えますが、その逆も起こります。そんなとき、「スルー」できないと、やる気をポッキリと折られてしまうことがあるのです。私の元同僚の中にも、仕事中に不快な出来事に遭遇し、「そこまでして、営業をやりたくない」という言葉を残して辞めていく人がいました。

しかし、売り続けている人もまた、嫌な目にあうことは同じようにありま す。しかし、技術を身につけているので、断りのショックを深いところで受けなくても済んでいるのです。決して、営業向きの性格だからとか、神経がないから嫌な目にあっても鈍感なんだということではありません。

断りは「すべて受容して、流す」

「断りをスルーできる技術」とは、会話の中で相手の断りたい気持ちを認めて、十分に**「受容する」**（受け入れる）ことから始まります。言われたことを全部「肯定する」と言い換えてもよいでしょう。

あなたが営業先でのアプローチで断られ続けたことで、仕事をする意欲を奪われてしまったとします。

「けっこうです」「要りません」「必要なものなら、こっちから買いに行くよ」と毎日言われ続けると、「私は世の中に必要のないものを売ろうとしているのだろうか」と、気分が落ち込み、疑問を感じてしまうかもしれません（もちろん、本当に世の中に不要なものを扱っているのならば、考え直したほうがよいと思いますが)。

でも、ちょっと聞いてほしいのです。お客様がなぜ、「要りません」と言われるのか、その背景を理解してほしいのです。

お客様は、なんでもそろっているいまの時代には、

「もう持っているから、要りません」

「他社のサービスにすでに入っているから、けっこうです」

と考えています。

別に、あなたが来たから拒絶しているのでもなければ、必要ないものだから断るのでもないのです。欲しかったものだし、必要なサービスだったからこそ、先に購入するなり加入するなりしているのです。ですから、「けっこうです」と言われたら、

「はいはーい! もう他社のものを使っているんですよねえ。そりゃそうですよね。もちろん、わかったうえで来ていますよお」

と、心の中で、これくらいにうなずいておけばいいのです。

そのうえで、ここで必ずやってほしいことは、**お客様からどんな答えや反応が返ってきても、とことん受容する（受け入れる）ことなのです。**

言う通りにするのとは、断じて違います。ここ、大事です。言いなりにはなりません。

アプローチのときの断りに限っては、受容して、すぐに流すのです。

会話のキャッチボールをするよりも、受けたら後ろに流す感覚がいいのです。

なぜ「受容」が必要かというと、人は、自分の主張を否定する相手とは、対立関係になりやすいものだからです。

相手は、あなたへの警戒心が解けていないお客様です。お客様のほうから進んでカウンセリングを受けに来てくれたのとは訳が違います。あなたが「受容」をせずに押し問答になっては、潜在的にニーズをお持ちで、商談に進むかもしれない相手であっても、そこで終わってしまいます。受容することで、初めて次の段階に進むチケットが手に入ると思ってください。

また、「ご興味なかったですかね?」と対応しては、確実に、ジ・エンドです。自分から打ち切りにかかるのはもってのほかですからね。

断りをスルーできる、受容の5原則

では、お客様の断りや反論に対して反応をするとき、どうすれば「受容している」と思ってもらえるのでしょうか。

受け答えの第一声として発するべき言葉は、次の5つに分類ができます。

【受容の5原則】

①ほめる:「お詳しいのですね」「お手入れが行き届いていますね」

②ねぎらう:「お疲れのところ恐れ入ります」「ご足労おかけしました」

③共感する:「お気持ち、お察しいたします」「私も同じ考えです」

④認める。同調する:「そうですよね」「おっしゃる通りですね」

⑤謝る。感謝する：「申し訳ございません」「ご指摘ありがとうございます」

この5原則を使って話すときのコツとしては、**十分に抑揚をつけること**です。

自分では、ごく普通に、「そうなんですか」と言ったつもりでも、他人にはそっけなく聞こえているものです。

「へえ！　そおなんですかぁ」と、「へぇ！」は大げさめに、「ですかぁ」はソフトに。自分では、芝居がかっているかなと、照れてしまうくらいがちょうどいいのです。

この5つのどれかを、受け答えの頭に必ずつけることを「スルーする」際の原則とします。たとえお客様の誤った認識を訂正したいときであっても、**まず第一声は、「肯定する」のです。**

この「受容する」言葉が第一声にないと、スルーというよりも、単なる「無視」になってしまうため、必ずくっつけてください。

「断り」を受容し、脇へ流したら、セールストークの続きから再開してください。この5原則をいつも意識して実践できれば、間違いなく商談のチャンスが増えます。

断る人さえ、ほめる

相手が断っているのに、「ほめる」とは、いったいどういうことかと疑問に思われたかもしれませんね。

たとえば、こんなケースです。

お客様に、新製品への買い替えや、他社サービスから自社サービスへ乗り換えていただくためのアプローチをしたら、「時代遅れのモデルでもまだ使えるから、新しいのなんか必要ないんだ」と断りを受けたとします。

そんなときやってしまいがちな返しの悪い例としては、「しかし、保証期間が切れていますので、メンテナンスや、もしもの場合を考えますと、新しいサービスのほうにお切り替えになったほうが、云々《うんぬん》……」と、ぱっぱと切り込んでいく言い方です。お客様は、いきなり正論を吐かれると、うんざりした気分になるものです。すぐに切り返さずに、一旦は言いたい言葉を飲みこみます。

「そうなんですね！　長く、大切にお使いなんですね。ありがとうございます」

こんな感じで、相手のポリシーやスタンスをほめることがポイントです。

「ほめる（＝相手に『YES』を伝える）」のあとのセールストークの続け方には、２種類の方法があります。

①ほめる「YES」のあとに、「BUT」で続ける例

「そうなんですね！　長く、大切にお使いなんですね。ありがとうございます。ただ、○年前のモデルは、現行の製品よりも電力をより多く消費する場合がございます。電気代を比較してみた資料をお持ちしましたので、参考にしてください」

②ほめる「YES」のあとに、「AND」で続ける例

「そうなんですね！　長く、大切にお使いなんですね。ありがとうございます。大切に使いこなしていらっしゃるお客様だからこそ、ご不便を感じておら

れる点についても詳しくていらっしゃると思いますから、ご意見を賜《たまわ》りたく思います」

どちらでも、そのときの状況で適しているほうを選択すればよいことです。ただし、どちらの場合でも、肯定の「YES」が、なんだかとってつけたような言い方であったり、形式的に言っているだけだと感じたら、やはり「売り込み臭」はプンプンと匂ってきます。十分な抑揚をつけることは、受容する際の掟です。言い方の練習は繰り返し行なうことです。

誤解は、認めてから訂正する

「アプローチでは、お客様のおっしゃることは、すべて認めて同調してください」とお伝えしたことについて、営業研修の受講者から、こんな質問を受けたことがあります。

「お客様から、『おたくの商品は高いでしょ。B社のほうが安いと聞いているから、そっちにしようかと検討している』と言われますが、じつは一概に自社が高いとは言えません。同調すれば、うちのほうが高いということを認めたことになるから変じゃないですか」

ライバル社に顧客を奪われていくことをお悩みでした。たしかに、一番安い商品コースなら、ライバル社の価格のほうが安いのですが、こちらがイチオシで販売しているコースと同じ性能のもの同士で比較すると、わずかに自社のほうが安いのでした。

ですから、教科書通りに同調すると、「でしょ？　B社のほうが安いんでしょ」と念を押されて逃げられてしまいます。かといって、すぐに「いいえ、そんなことはありません。うちのほうが安いですよ」とお客様の反応を否定すれば、その瞬間に「売り込み臭」が漂い始めますから、見抜かれて、退かれてしまいます。

そういうときは、お客様のおっしゃったことは否定せず、あくまでも肯定します。ただし、認めるのは決して、「他社が安いという事実」ではありません。

「他社が安いというイメージが世間にあること」を認めるにとどめるのです。

「そうですね。たしかにB社はテレビコマーシャルで、そこを強調していますからね」

「たしかに皆様には、B社が安いというイメージがおありのようですね」

こんな言い方です。そして、そのままセールストークの続きに戻ればよいのです。

やってはいけない受け答え3パターン

ついやってしまいがちな「NG例」を3つあげるとすれば、
①オウム返し
②安易すぎるほめ言葉
③とってつけたようなお詫び言葉
でしょうか。

オウム返しは、すでに商談に入って話し込んでいる状況なら、相手の考えを整理して確認するためにも有効です。

しかし、アプローチの断り文句をオウム返しすると、断りをわざわざ念を押して強調する結果となり、トークは前に進まなくなります。
（お客様）「うちは、もう他のメーカーで買ったからいいです」
（あなた）「あっ、他のメーカーさんで買われたんですね」

どうですか？　オウム返しされると、「うん、だから、もういいよ」と、打ち切りやすくなるのです。

また、ほめよう、ほめよう、と思い過ぎてもいけません。あまり安易にほめるとお客様の警戒心がまだ解けていない段階では、「機嫌をとって、なんだかあざとい人だな」と取られかねないものです。

ポイントとしては、相手の方の手間がかかっていることに着目してほめることです。私の後輩が実践して効果があったという、相手とすぐに打ち解けられるフレーズを紹介します。

「あっ、猫を飼っていらしたんですか。毛が落ちていないから全然気がつきませんでした！」、あるいは、「匂いがしませんね。エサに気をつかわれているんですか？」など、きれいにしていることに気づいてほめてあげると、それはその人の努力の結果ですから、「この人、ちゃんとわかってくれているんだな」と、好感を持っていただけるのです。

また、「お詫び言葉」ですが、たとえばはじめからトークスクリプト（セールストークの台本）に、「お忙しいところすみません」というフレーズを入れている人が多いですね。これも、一概にダメではありませんが、口調に心がこもらないと、かえって反感を買いそうです。

それよりも、「忙しいんだけど」と言われてから、気持ちをこめて（即刻）「申し訳ございません！」と謝るほうが数段よいと思います。

ベテランこそ、断りをスルーせよ

営業経験の長い人がスランプに陥《おちい》ってしまったとき、アプローチの断りに対してまともに対峙《たいじ》してしまい、受け流せなくなる症状がよく見受けられます。

商品知識に長《た》けていて自信があり、早く本題に入りたいという気持ちが先走るためでしょうか。断るお客様に対しても、「商品説明に入りさえすれば、口説く自信がある」といったベテラン特有の態度が、裏目に出てしまうのです。

お客様の断り文句に対して、

「そう、おっしゃらずに、見るだけ見てください」

「いや、1分間だけでいいんで……」

という切り返し方をしてしまうのは、お客様に反論しているのも同然。そうなると、よけいに強い口調でピシャリと断ってきます。

アプローチの断りは、お客様のあいさつと同じだ、といった割り切りを忘れてしまい、むきになって応対すればするほど悪循環となるのです。

お客様に強く拒絶され続けると、ベテラン営業でも訪問恐怖症となる恐れがあります。

現場に出ていく前に、職場の人同士で、模擬ロープレをするとよいでしょう。よく出てくる断りの言葉をお客様役のスタッフに投げかけてもらい、前述の「受容の5原則」を活用しながら、「肯定的に受けて、流す」という練習を十分に行なってみてください。

そうすれば、押し問答地獄からあなたもお客様も解放されて、再び商談のチャンスが増えていくこと間違いなしです。

4 コミュニケーション力をアップさせるノート術

要約しない営業メモで、口ベタ社員もトップセールスに

「メモは要約しないで、事象をありのまま書く」、これが私の営業ノートの書き方です。ありのまま書くわけですから箇条書きではありませんし、場合によっては、相手のセリフを丸写しにすることもあります。売れなかった私の営業成績が、一見この非効率な営業ノートのおかげで、一気に跳ね上がり、営業に必要なコミュニケーション能力も身についたのです。

なぜこんな素朴な、しかも「書く」という方法で効果が表れたのでしょうか。

それは、営業日報って、いったい何のためにあるのか、という原点に立ち返

ったことに始まります。

あなたが営業職の人なら、上司に向けて「営業日報」なるものを書く、あるいは口頭で報告することが日常的にあると思います。

普通、報告書には、事象（ある事情のもとで、表面に現れた事柄／大辞泉）をありのままに書いたりしませんよね。そんなことをすれば、冗長で要領を得ない報告となり、相手の時間を無駄に奪ってしまいます。

また、報告書を書く目的は、実際の現場を見ていない人に対して、なんらかの判断を仰ぐためでもあります。それなのに、都合の悪いことを省いたり、何かを強調したりして、書いているうちに飾りつくろって立派に見せかけていくこと、ありませんか？

結果ではなく、努力をアピールするための「誇張」。

自分の失態をあいまいにするための「省略」。

悪い結末から目をそらしたいがための「美化」。

サボりをごまかすときに行間ににじみ出てくる「抽象的な表現」。

こんなことをやっている間は、営業力は進歩していきません。でも、「こう書くと、こう突っ込まれるだろうな」と、上司の反応が予想できるようになると、無難に作文するようになるのでしょう。私もそんな頃がありました。前向きでやる気がありそうな言葉で最後を締めくくるのが、お説教されないコツ、とか（笑）。

「母親と子どもさんは、どんな顔をしていた？」

考えを変えたのは、上司から投げかけられたひとつの質問がきっかけでした。

それは、ご契約がいただけずに、営業先から意気消沈して帰社したある日のことです。

この日は出発前に、「今日のアポは自信がある」と宣言していたせいか、上司から詳しい状況の説明を求められました。この上司、普段は営業日報も書かせない（読まないからです）、報告も求めない、部下を放置するタイプの人です。

その日は、中学生の男の子がいるお宅にお邪魔して、お母様と一緒に学習教材の商品見本を見ていただいていました。スムーズにお話が進んでいたのですが、途中で帰宅されたお父様が突然怒り出し、商談の中断を余儀なくされたのです。

何をどうしようとしても取りつくしまがなく、「帰ってくれ！」の一点張りです。礼儀を尽くしてその場をおさめて商談を続けたかった私としては、大変に悔いの残る結末でした。和気あいあいと話していた場の空気もガラッと一変してしまい、その日はもう帰るほかありませんでしたから。

上司に、状況を伝えると、このように質問されました。

「その瞬間の母親と子どもさんの表情は、どんなだったんだ？」

「えっ、お父様ではなく？」

ちゃんと見ていたはずなのに、思い出せません。

「母親と子どもさんは、そのときの父親の様子を見て、オロオロしていたか？　場をぶち壊されて怒っていたか？　あきらめ顔だったか？　びっくりしていたか？　どれだ」

「お母様は……、オロオロされていました。お子さんは……どうだったっけ？」

「お前がそのとき、注意を向けていた相手は父親だろ？　でも見るべきは母親と子どもの反応なんだ。もし父親の、そういう態度が毎度のことなら、『またかよ』っていう顔でうんざりするか、嵐がすぎるまで静かにしてやりすごそうとする。逆に、普段の父親がそんな姿を見せるような人じゃないなら、子どもはびっくりした顔をするだろう」

「……」

「父親は家族から慕《した》われているのか、嫌われているのか、畏《おそ》れられているのか。その瞬間の母親と子どもの反応によって、対応の仕方を使い分けなきゃいけないんだよ。そうしないと、お前は気まずい思いをさせるだけさせて帰ってきたのと同じなんだぞ」

衝撃を受けました。

これまで私は、お客様の様子を見ているつもりでも、視界に入っているだけで、見えていないことがたくさんあったに違いありません。

たしかに、「取りつくしまがない」とか、「場の空気がガラッと一変した」というのは、私の側から見た単なる印象です。

また、「そういうことなら、やむを得ないよな」……どこかで、上司から肯定してもらえることを期待していたのです。

この日を境に、記録目的でもなく、人に見せるためでもない、営業現場をできるだけ正確に、メモとして書き記すことにしました。

「要約すると、つまりこういうことかな」とまとめてしまうことも止めました。より鮮明に、ディテールまでを思い出しながら、その日のうちに記録することを毎日の習慣にしたのです。

ノートはA4１枚、２色で

ノートの作り方はごく簡単です。

書きこんでいたのは、当時社内で使用していたA4サイズ1枚のアポ票（アポが取れた時点で書きこむお客様の情報）の用紙です。それを2穴用の紙ファイルに、日付順で重ねて入れていました。ない場合は、ルーズリーフや白い紙などで自作するとよいでしょう。ファイリングして、後で見返すことができれ

コミュニケーション能力アップ！「ありのまま営業ノート」

Ⓜ=Mother（お母さん）

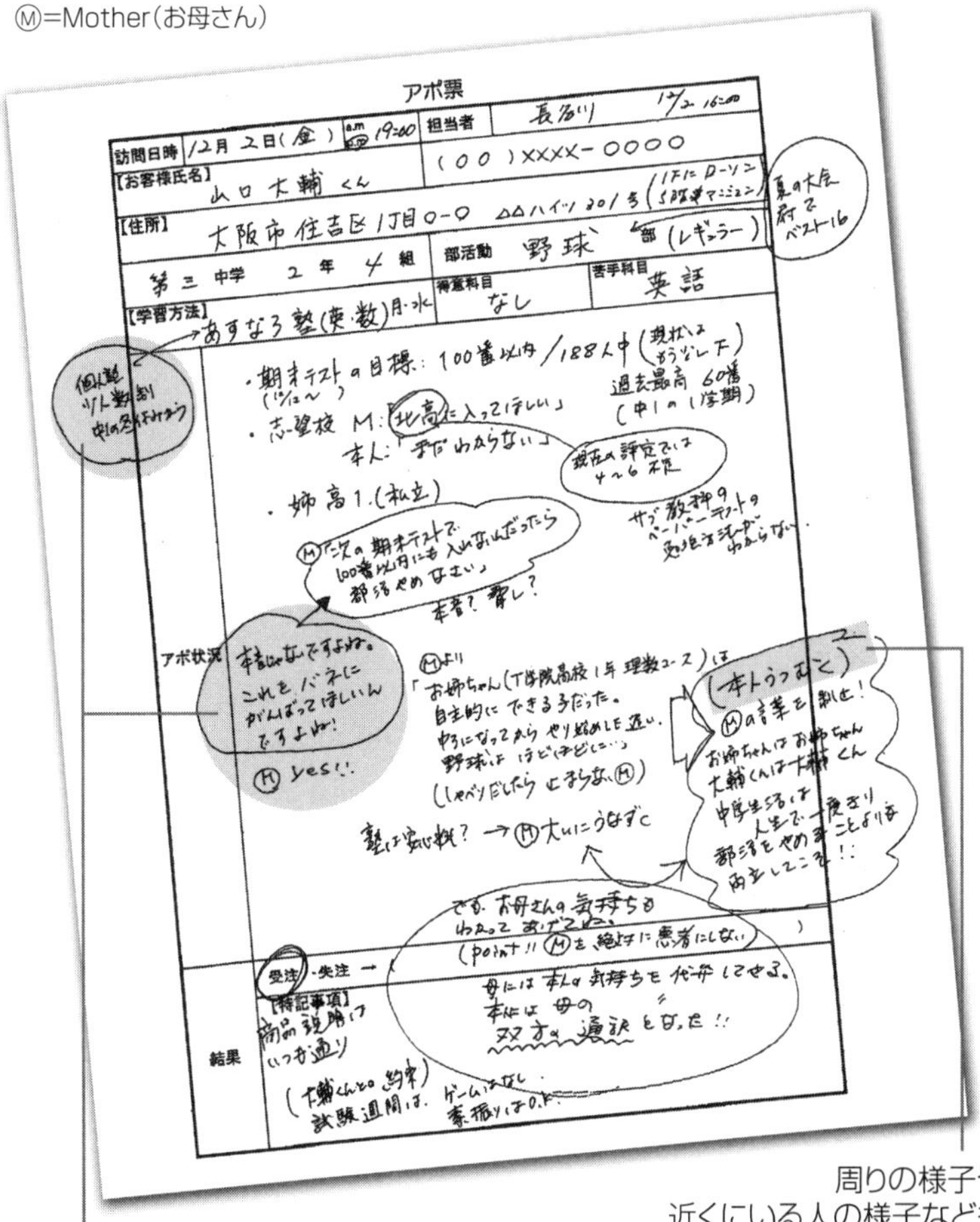

周りの様子や
近くにいる人の様子なども
よく観察し、そのまま書きとめておく。

このような囲みの部分は、
商談の現場であったことを書き足したもの。
実際は、赤で書いてある。

ば、何でも構いません。

アポ票には、お客様のところに向かう前に、こちらからはどういう情報を提供するのかなどをあらかじめ記入しておきます。どんな展開になりそうか仮説を立てて、お客様からの反応も予測し、適切に応対できるようにロープレ形式でリハーサルを行なうのです。

こういったことは、誰もがおやりになっていることでしょう。

営業メモは、帰社してからすぐに、あるいは移動途中に書きます。営業の前に書くことは、普通に黒いインクのペンを使い、終わってから書くことは、その用紙の余白と裏面に、赤いペンを使います。

もちろん、商談の最初から最後まで全部を書いていたら夜が明けちゃいますから、どのお客様にも共通して話すことは割愛します。

突発的に起きたこと、そのお客様にだけアレンジしたトークや働きかけたこと、そして、それにお客様がどう反応してくれたのか、事象を書き残すのです。現場が、予測と違った展開になったのならなおさら、事前に書いたことの脇に矢印を引っぱって書きこみます。

録音はせず、すぐ書く

自分の営業を振り返ってメモを取るわけですから、録音するという手もありますが、私は使いませんでした。録ったものを、毎日聴き返せそうになかったからです。

ボイスレコーダー（当時は、テープレコーダーでした）は、自分の話し方をチェックできる、大変に有用なツールです。

不自由な点は、1時間の商談を録音したなら、聴くのも1時間かかること。商談は一日一件で済まない日も多いですから、聴けずに溜めこんでいく自信がありました（笑）。今は速度を速められる機種もありますが、聴きとる耳のほうに限界があります。

また録音では、マイクが拾った音しか確認できません。相手の表情や周囲の方のアクションなど、非言語な部分がわからないのです。

ノートでコミュニケーション力をアップさせられる理由

この営業ノートの目的は、自分のレベルアップです。**「察知したことを、即アクションにつなげられる人になること」です。コミュニケーションベタな人は、それが苦手な人が多いように思います。**

本当は、商談しながら、同時進行で最適なアクションを考えたいわけです。相手の反応が予測した通りでなくても、相手が欲することを素早く察知し、その都度《つど》、一番適切な言葉を選ぶことや、行動で示すことが望ましいのです。

しかし、私は口ベタの人見知り。自分の能力が不足していてそれができなかったため、終わってからではあるけれど、きちんと振り返ってイメージトレーニングをしたのです。

頭の中で考えたことは、最低でも一回はアウトプットしておかないと忘れやすいものです。かと言って、学習したことを、翌日に実践できるとは限りません。だから、ノートに書くのです。

また、その日のうちに書いておかないと、記憶があいまいになりますし、書くこと自体が面倒になってしまいます。ですから、すぐ書くのです。

そうして、自分の営業スキルが磨かれてきて（要するに結果がともなってきて）、商談中にパッパと機転を利かせて、ベストなアクションを取れるようになれば、もうそれでいいと思います。営業ノートを作っていた時間を他のことに割り当てればよいでしょう。

失敗の原因は、「やったこと」より「やらなかったこと」にある

ノートにつづるときは、頭の中でビデオ映像を再生するイメージで思い出しながら書きます。

再生するにはお客様とのやり取りを撮影……つまり細かな観察が、まずは必要です。自分が話すことに目一杯で余裕がないようでは、お客様の様子にまで目配りができません。相手が二人以上ならなおさらです。

そのためには、自分と、もうひとり客観的に状況を見渡せる、第三者的な目が必要です。

お客様に熱く、熱く、プレゼンを行なっていても、一方的にならないように、お客様の反応を確かめながら制御（コントロール）する感じです。「心で熱く、頭では平常心で」と心がけていました。そうするためには、お客様に話す言葉を事前に整理して、すらすらと話せるようにしておかなければ、観察もままなりません。

書くことがあまりない日もあれば、大作になる日もあります。大作のときは、たいてい「気づき」が多かったケースです。

何かの項目（お客様の表情とか、言葉とか、しぐさなど）に絞って重点的に見ることはせず、すべてに注意を向けるように心がけました。たとえば美味しそうな匂いがしていたのなら、「お客様は商談時間が短いと思って食事をまだ済ませていないのかな」と察して、気遣うべきだったんじゃないか、といった具合です。

営業で失敗するケースというのは、「余計なことをやってしまったとき」より、「見過ごして、やるべきことをやらなかったとき」のほうが断然多いのです。

漫然と営業していては、自分の何が一体いけなかったのかすら発見できないわけですが、上司に報告をするときに、「漫然と仕事をしました」とは言いませんよね、ふつう。

それで、それなりに体裁を整えた報告書を作るために、多少の取りつくろいが入ってしまうわけです。

こうやってコツコツと書きつづっていけば、ファイルはすぐにいっぱいになりますので、「気づき」が多い、勉強になったケースは抜き取って、特別なファイルのほうに昇格させます。特別といっても表紙の色が違うだけ（青！）なのですが、その青色ファイルを愛読書にしていました。考えたり、葛藤《かっとう》したり、試行錯誤の足跡（つまり、プロセス）が残っているほうが、あとで読み返した際に状況を思い出しやすいですね。

この**「ありのまま営業ノート」作りは、売れるようになるまで、500日間（約1年半）続けました。**続けるコツは、「すぐ書きとめること」、それに尽きます。

そうするうちに、相当な数の成功事例と失敗事例のストックができてきたのです。誇張も、美化もない事例集です。こんなに役に立つ、自分だけの事例ファイルはありません。失敗したケースは、対応策を十分に検討し学習する。成功したときもやはり、その要因をきちんと分析して結果オーライにはしない。再現性を持たせるためです。

「書き残す」ことの効果

「ありのまま書くなんて、とろいよ。わざわざ書かなくたって、頭の中で十分シミュレーションはできるんじゃないの」

それができる人は、それでもいいかもしれません。ノート術は、根気がいるやり方ですからね。

しかし、書き残すことの効果は、計り知れないものがあります。なにごとも経験が浅いうちは、他人の発言の真意が汲《く》み取れず、瞬間的には理解できないこと、誰もがあるのではないでしょうか。そして、そのうち忘れてしまいがちです。

でも、書けば、手が覚えています。「これと同じケースを経験したぞ」「前にも聞いたことあるぞ」と、以前のノートをひも解くと、理解不足だった過去と現在がつながって、知識がさらに深まるのです。そうやって読み返すとき、意外にも話の枝葉の部分にこそ、メッセージや気持ちなど、お客様の真意が表れていることに気がつくのです。

一番の効果は、お客様のリアクションから、本音や本心を読み取ろうと集中することで、漫然と営業していた頃には見えなかったものが見えるようになったこと。**どうしたら売れるのかというヒントや答えは、自分とお客様とのやり取りの中にあることがわかってきました。**お客様と接触しているときには、何気なくやっていい行為、意味なく言ってもいい言葉なんて、ひとつもないんだということを自覚できたことは、大きな収穫でした。

この方法で、営業に必要なコミュニケーションの力が、飛躍的に高まったのです。

手間が増えても生産性が高まれば、退社時間が早くなる！

ご契約をいただけるかどうかの場面だけではなく、ご契約後のキャンセルを減らすための対策を立てるときにも、要約しないメモは有効でした。

ある新しい事業の立ち上がり期のエピソードを紹介します。契約件数も増えてきたので、次は、ご契約後のキャンセル減らしに取り組むために、担当部署にデータを見せてもらいました。お客様のキャンセルのお申し出を、バックオフィス部門のスタッフの方が電話で受けて、キャンセルの理由を帳票の記入欄に残しているからです。


「現状満足」

「家族反対」

「支払い困難」

「他社商品を検討」エトセトラ、エトセトラ。

本当にこんな理由なのか？　べつに、嘘を書いているとは思わないけれど、一度は契約すると決断したことをくつがえすのだから、理由にはもっといくつかのネックがからみあっているはずだ。そう考えました。

そこで、バックオフィス部門の責任者に、もっと詳しく書いてくれるように頼みましたが、「15字以内で書かねば、記入欄におさまりきらないから無理だ」という返答でした。

「キャンセル理由がたったひとつとは限らないでしょう。じゃあ、『いまのまま満足していると家族から反対された。よく考えれば月々の支払いも高いから、他社で似たような商品を探すことにした』……こうやって、理由を4つ並べるお客様なら何て書くんですか」

「ひとこと、『個人事情により』と、集約させます」

そんな、アホな。「文字数制限」を優先して、こんなに大切な情報を捨てるのか。

あとで、販売担当者がお客様に理由をお尋ねすればいいじゃないか、と思われるかもしれませんが、あとからでは教えていただけないことが多いのです。

なぜなら、理由を尋ねたいだけなのに、お客様からは「キャンセルを阻止するために連絡してきたのだろう」と勘ぐられてしまい、早々に会話を打ち切られてしまうことが少なくないからです。

「書式に手を加えて記入スペースを広げたら、2行でも3行でも書けるじゃないですか」

「そうなると、スタッフの採用基準に『文章能力の有無』を加えなければなりません」

「(ばかげている!)ありのまま書けばいいんです。日本語が話せるなら問題ないはずです」

「……文章で書くと、その分時間がかかります。効率が悪いのは、あまり……」

「こっちは、お客様が納得不足なのに帰ってきてしまうことや、営業の詰めの甘さに対して、対策を取りたいのです。スタッフさんのメモ時間が1、2分増えるのと、無用なキャンセルを放置するのと、どちらのコストが重いと考えているのですか!」

その責任者の本音は、手間のかかる作業を命じたときに生じる、スタッフの不満の声を嫌ったことにありました。誰だって、意味なく手間のかかることをするのは好きではないでしょう。ただそれをすることで、キャンセルを受理するという嬉しくない仕事が減るし、販売コストだけはかかるが1円の売上にもならない仕事が減ることにつながるわけです。このように、「なんのために行なうのか」という意義と、期待できる効果を、スタッフの方に十分知らせていただくようにお願いしたのでした。第5章でお話しする「崖っぷち社員」のチームでは、このノート作りを徹底させました。

効率よく仕事を工夫することの本来の目的は、生産性を高めることにあります。

単なる作業としてのメモ書きであっても、やり方次第で「お金を生みだす仕事」に変わるなら、その手間を惜しんではいけないのです。

じつは私自身、「ありのまま営業ノート」を作り始めた頃（イケてない営業プレイヤー当時）は、効果をことさら意識していませんでした。やらないよりは、やったほうがいい。これを日々繰り返したら、営業対応のバリエーションが増えそうだ。動機としてはその程度でした。結果として、営業の成功率が格段に上がっていった背景に、ありのまま書く素朴で非効率なノート作りが役に立っていたことは間違いありません。

営業の成功率が上がれば、目標は早めに達成できます。また営業成績の自己最高記録を更新したり、全社記録を自分が塗り替えたときも、人より会社にいる時間は短かったと記憶しています。ということは、営業メモを取るシーンだけ切り取れば非効率に映るかもしれませんが、トータルで見ると、効率が良い、生産性が高い、ということが言えるのです。

だから私は、「ここぞ！」というときのメモは、ありのままをノートに書く習慣をいまだに頑固に続けています。

第4章

営業の「台本」、磨いてますか？

1 営業の武器「台本」を磨き上げる

「K＋AIDCA」（ケイプラスアイドカ）で作る必勝パターン

お客様が商品を購入する決め手には、セールストークの出来が大きく影響します。営業にとって、言葉は武器ですからね。

ここでは、トークスクリプト（セールスの台本）の作り方についてお話しします。

台本が重要である理由は、我流や思いつきのセールストークでお客様にプレゼンしてうまくいくほど、営業は甘いものではない一方、作り込んだ台本があれば、誰にでも営業の成果を上げることができると言い切れるからです。

私が考え方の参考にしているのは、消費者の購買行動のプロセスとして、アメリカのサミュエル・ローランド・ホール氏が著作で提唱したＡＩＤＭＡ（アイドマ）の法則です。

広告を通して商品を認知していただくことから始まる、マーケティング戦略の教科書では必ず学ぶ基本です。注意（attention）→興味（interest）→欲求（desire）→記憶（memory）→決定（action）の流れになっています。

この「消費行動」の考え方を、プッシュ型営業（テレアポや飛び込み営業など）に応用したものが、「K＋AIDCA」（ケイプラスアイドカ／135ページ）です。「K」は、プッシュ型営業にはつきものの、お客様の警戒のことです。そして記憶の「M」に代えて、比較の「C」（comparison）を入れます。

お客様にとってどんなに役立つ素晴らしい商品であるか、を伝えたいのなら、「おや、なんだろう？」と注意をひき、「なんだか、良さそうなものだ！」と興味を持っていただくことから始めなければなりません。

「他のものより優れているのだろうか？」という不安解消のために競合商品と比較をし、「お金を払う価値はあるのだろうか、支払いは負担にならないか」という迷いを振り払っていただき、買っていただく。

このプロセスをもれなく押さえてプレゼンテーションの骨組みとします。そして、その骨組みに沿って、セールストークとなるセリフを当てはめて、トークスクリプト（台本）を作るのです。

このような準備は手間がかかりますが、一度作ってしまえば長く使えます。製品の仕様や価格の改定、法律の改正があれば、トークの表現に手を加えることになりますが、基本の型ができていれば、部分的なアレンジだけでたいていは大丈夫なものです。商品が高額になるほど、また簡単に売れないタイプのものほど、この購買行動プロセスを無視した自己流の台本では、売れません。

セールストークの展開のコツ

トークスクリプト（台本）は、自然な話し言葉で作ることが基本です。相手への印象づけ、インパクトが格段に強くなるコツを紹介します。

①お客様のお名前を頻繁《ひんぱん》にお呼びする

お客様に耳を立てていただくには、お名前をお呼びするのが一番です。スクリプトにも、「○○様」と必ず書いて、練習の段階でお名前を連呼する癖をつ

売れる台本は[K+《ケイプラス》AIDCA《アイドカ》]で作る

	訴求のポイント	お客様の心
警戒		
注意 Attention	アプローチ ニュース性のあるつかみ 「新発売」「モデルチェンジ」 「販促キャンペーン」	おや、うちに関係あるかも? 聞いておかないと損するかな?
興味 Interest	ニーズの喚起 インパクトのあるメッセージ お客様の悩みに焦点を当てる	悩みの解決に役立ちそうだ 欲しいと思っていたものだ 今までにないものだ
欲求 Desire	商品アピール、特長の説明 優れている部分、利便性の追求 購入後の満足感をイメージさせる	へえ、これは良さそうだ 手に入れたいなあ 使ってみたい
比較 Comparison	現状改善の提案をする コストパフォーマンスの良さ 競争優位を伝える	今のと比べてどうかな? 他のメーカーにもあるのかな? もっと安く買えるのかな?
決定 Action	申込方法、支払方法の提示 お支払リスクを減らす(返金制度) 希少性、緊急性(期間限定など)	今すぐ申し込むべきかな? 買って失敗だったら? 今買わないと後悔するかな?
満足	フォローアップ、期待感を高める 使い方指導、サポート体制 相談先・連絡方法の明示	届くのが待ち遠しいな 困ったことがあっても頼れるな 良いものなら人にも紹介しよう

けましょう。

②語尾のバリエーション

語尾が、「です」「ます」ばかりでは、単調になります。適度に、質問や確認をしながら話を進めていくのが、相手を飽きさせないコツです。

〈質問〉「こういった機能があることは、ご存じでしたか?」
〈確認〉「最近話題になっていますので、名前を聞かれたこと、ありますよね」
〈推定〉「ご家族の皆様にも、きっと喜んでいただけると思います」
〈断定〉「試算してみますと、10%以上のコスト削減ができます」

③ティーアップ

特に印象づけたい話題に移るときに、サラッとしゃべってしまわないように、少し「ため」をつくります(ゴルフで、打ちやすいようにティーで球を地面から持ち上げることを、こう呼びます)。やりすぎるとうるさがられますが、やらなさすぎるのも一方的に話が進んでしまい、つまらないのです。

「この方式を採用しているのには、訳があるんです。なぜだか、わかりますか？」。こんな感じで、ややもったいぶってから、期待感を高め、続きを明かします。

④筆談を交える

用意してきた資料を指して説明するだけでは、終始お客様を惹《ひ》きつけておくことは難しいです。白い紙に、一から図解してみたり、キーワードや数字を書きながら話すとよいでしょう。タイミングとしては、プレゼンのクライマックスの手前がよいです。聞く側も、話に参加している感覚になり集中するため、その後に出す提案なり、商品見本への期待が高まり、良いものに見えてきます。

たった一文字が変わるだけで、セールストークの魔法が消える

「ガンガン売れる」魔法のトークはある、と私は思っています。

しかし、魔法は魔法であるがゆえに、とてもデリケートなものです。

日常会話で何気なく使っている言葉でも、セールストークでは、たった一文

字の違いで、お客様に与える印象が180度変わってしまうことがあります。

もし相手を怒らせてしまったなら、「はっ、私なにかマズイこと言ったんだ」と気づけますが、そういうことばかりではありません。

「良さそうなものだったけれど、なんとなく買う気が失《う》せちゃった」

お客様というものは、そうやって静かに去っていくだけなのです。なにが失敗だったのか気づけぬままでは、また同じことを繰り返してしまうかもしれません。

「女性でも」は、なぜダメなのか

これは私が以前、ある国産車の販売店の商談ルームで見つけた販促物のコピーです。

『女性でも、車庫入れがラクにできます！』

宣伝している車は、運転席から見て死角になっている部分が、カメラでモニターに映し出されることが売りになっています。たしかに便利な製品です。

ところが、この「女性でも」というコピー。もし、ポスターのキャッチコピーではなく、男性営業マンの口から発せられるとしたら、受け手の印象がずいぶんと変わってしまうおそれがあるのです。運転が下手な女性に対する「見下し目線」が、微妙に含まれていると言ったら、心外だと思われるでしょうか？

たしかに、車庫入れにまごついてしまうドライバーは、女性のほうが多いという印象は、一般的にあることでしょう。でもそれは、女性同士が、「私、車庫入れが苦手なの」「縦列駐車ができない」と打ち明け合うならよくても、他人から「ヘタでしょ」と言われるとなれば、ちょっと話が違います。

まさか、これは女性客へのアピールではなく男性のお客様に「あなたの奥さんでも、これなら車庫入れがしやすくて、ヘタクソ棒（車幅ポールの別名）を取り付けなくていいかも！」と、言っているのでしょうか（笑）。

「でも」の一言の響きだけで、お客様に逃げられてしまいますね。

「第三者」に代わりに言ってもらう

「私には、お客様に対して、見下し目線なんか1ミリもありません」と思っている人は、極端な例で考えてみるとよくわかります。

パリッとしたスーツ姿の営業マンに、

「このプランなら、（年収の低い）お客様でも、お支払い可能ですよね」と言われたら？

ピカピカの一流大学を出ている塾講師から、

「（偏差値35の）キミでも、この講座ならついてこられるだろ」と言われたら？

現実の会話では、かっこ書きの部分は口にしないでしょう。ですけれど、言われたほうの人はわかるものなのです。

「私のような、下々の者にも便利なものを用意してくれてありがたい」と思えましたか？

違いますよね。それが、お客様が受け止める印象です。先の車の販促物に書かれていた「女性でも」という表現も、これと同じことなのです。

しかし、「でも」を、「にも」に取り替えてみると、どうでしょうか。

「偏差値35のキミにも、この講座ならついてこられるだろ」

いかがですか？ ずいぶん印象がやわらかくなったでしょう。

こんな、たった一文字の工夫で、セールストークに魔法をかけることができるのです。

インパクトの強いほうの、「でも」を使うのであれば、コツがあります。

当事者が、自分で自分のことを指して言う形にするのです。

以前、日産自動車のテレビCMで、「私でも車庫入れ名人になれそう」というセリフを、女性客の役の人に語らせているものがありました。

自分で自分のことを言うのであれば、「主婦でも」「運動オンチでも」「三日坊主でも」何を言ったとしても、誰の気分も害することはありません。

でも、営業の現場で、まさか、お客様の車をお預かりすることの多い立場の人が、「車庫入れの苦手な僕でも簡単です」とは、言えませんね（「苦手なのかよ、おいおい〜」と突っ込まれます）。

そこで、「第三者話法」を使えばよいのです。

メリットを伝えるときに、メリットを味わうことができたお客様の声を、営業のあなたが代弁するのです。第3章90～91ページのセールストークでも使っていましたね。

「『車庫入れの苦手な私でも、ラクにできた！』と、女性の方に大好評です」

これなら売る側の意見ではなく、お客様のご意見です。

たったこれだけのアレンジをするだけで、相手の受け止め方がずいぶん変わります。

セールストークを考えて書き出したら、声に出して読むことはもちろん、人に読んでもらうのも良いやり方です。自分がお客様だと仮定して想像力を働かせて聞くのです。

チェックポイントは、以下の2つです。

①売る側の押しつけではないか（「この商品、良いものでしょう！　あなたにぴったりなはず！」という売り手目線の言葉）

②相手の立場に立って、気を配った表現になっているか（138ページの車のコピーの例のように自分の立場を客観的に捉え、上から目線にならないようにする）

こうやって、言葉ひとつ選択するにも、悩みに悩む。そうすれば、セールストークに「売れる」営業の魔法をかけることができるのです。

言いにくいことほどはっきり言えば、成約は増える

商談では、お客様にお伝えしにくいこと、というのも必ず出てきます。でも、言いにくいことって、その商談の「キモ」だったりするんですよね。

大半は、おカネの話です。お客様のほうがリスクを負うことです。

それに対して「ノー」を言われてしまうと、すべてに「ノー」と言われたくらいの意味を持ちます。

たとえばアポ取りで、電話の相手に「話を聞くだけになるよ。それでもいいの？」と言われたとします。

そんなときは、選択する権利はお客様にあることをはっきり告げればよいのですが、大事なのは、ここから先です。

「はい、もちろんです。聞いていただくだけで結構でございます」

「お考えに合わなければ、はっきりとお断りくださいね」

こういうのを、「引きトーク」と呼びます。


売れる人と売れない人の分かれ目は、この引きトークを言った直後に何を言うか、です。売れない頃の私は、引きトーク自体を強調して相手に印象づけていました。

「参考にしていただければ結構ですから。聞いてもらうだけでいいです、はい」


この言い方は、お客様に気持ちの負担をおかけしなくて済みますが、本当に聞くだけになる可能性が高いでしょう。真剣に買うか買わないかを検討してほしければ、一度引いた後はこう言ったほうが、うまくいくのです。

「お考えに合わなければ、はっきりとお断りくださいね。

ただ、お話を聞いていただいたうえで、お客様のご要望を満たすことができるものかどうか、厳しい目でご判断していただき、良いものであればお申し込みください」

このように、語尾はきっぱりと言い切ってもいいぐらいです。

「引きトーク」の後に、「押しトーク」。引いたら、押すんです。

引くだけ、とか、押してばかり、とか、どちらかに偏《かたよ》るから、おかしくなるんです。

教材営業のときに売れるようになったのは、引きトークの後の押しトークを、はっきりと言えるようになってからです。「〇〇くんがやる気になったら、お母さんは経済的な応援をよろしくお願いします」。こんな感じです。

「そうね」とか、「本人次第だね」というご返事なら、アポにします。

そうではなく、「『フレー、フレー』の応援なら、するよ」とか、「経済的って、何？」と言われた場合は、もう一度、「おカネの応援のことです」と、これ以上ないくらいにはっきりと言い切ります。これに対して、「イエス」が返ってこなければ、粘らずにお別れします。

結果として、聞くだけになるのは全然構いません。ただ、お客様に会いに行くのは、商談目的なんですよ、やるとなったらお金がかかる話なのですよ。ここをボカさないことです。

「押しトーク」は決めゼリフとして持っておく

中には、「押しトーク」を言うのが、お客様に失礼にあたると心配されている人がいるかもしれませんね。

お客様のところに何度も足を運ぶことをはじめから予定して、その日に結論を迫らないほうがスマートであり、お客様本位の営業方法であると説く人もいます。

しかし、初めてお会いした日に即決していただかないことと、それがお客様本位の考えであることとは、まったく別モノだと思います。

また、言いにくいことが言えるかどうかは、営業マンとしての自分の好調不調をはかるバロメーターでもあります。好調のときは強気で言えたことが、スランプになると、見込み客を失う気がして言えなくなるのです。不調なのに強気なセリフを言うのは本当に勇気がいります。

ですから私は、このセリフを書いた紙を目の前に貼って、よく繰り返し暗唱しました。そうすれば、相手によって言い方を変えてしまうと、いつも暗唱しているセリフと違いますから、なんだかスッキリしなくて気持ちが悪いんです。だから、「あ、いま私、言えてないな」と、自分でわかります。

言いにくいことは、商談の「キモ」です。どのお客様にも言うべきセリフは、このように常に一定の状態で言えるように仕込んでおくことをおすすめします。

私の台本をお見せします

それでは私の台本を例としてお見せします。インターネット回線や、テレビ視聴サービスの営業マンが活用することを想定してみました。

ポイントは、「わからない」というお客様でも話をすぐに打ち切らないこと、相手の立場に立って答えやすい質問を選ぶこと、答えていただいたら必ず「受容する」こと、です。

お客様の前で実際に話すときの例

お客様	「パソコン使うのは息子だけ。私はやらないから」
営　業	「わかりました！　ちなみに、固定電話はN社をお使いでいらっしゃいますか?」
お客様	「うーんと、どうだったっけ？　電話機は変えていないけど」
営　業	「そうですか。毎月のお電話の請求書はずっとN社から届いていますか?」
お客様	「ううん、請求書は、もう●●社からしか来ていないよ」
営　業	「そうなんですね。ありがとうございます。おそらくインターネット回線を●●社にされた時に、お電話も『●●電話』に切り替えられたのでしょうね」
お客様	「うん、そうかもね。でも、電話するなら今は家の中にいても携帯で済ませちゃうからね」
営　業	「今はそうですよね。ところで、○○様は携帯からメールやインターネットにはおつなぎでしょうか?」
お客様	「そんな、ちっちゃい画面では見えないよ」
営　業	「（笑）たしかに小さいですよね。どちらかと言えば、普段おうちではテレビを楽しまれていらっしゃるのでしょうか?」
	⋮

私の“売れる！”台本（インターネットサービスの営業の場合）

【ご利用状況の把握＆ヒアリング】

（「インターネットのことは、私ではわからない」と言われたら）

ちなみに、固定電話はN社をご利用でいらっしゃいますか？

<YESなら>

→ありがとうございます。

質問の受け答えの第一声は「受容する」言葉を忘れずに！

<Noなら>

→ありがとうございます。それではインターネット回線を●●社にされた時に、おそらく電話も一緒に切り替えられたのですね。

（もし考え込まれたら、「お電話の請求書は、N社から届いていますか？」と質問をし直す）

ところで、どちらかと言えば、普段はテレビを楽しまれていらっしゃるのでしょうか？

<YESなら>

→で、あれば、○○様のお宅では、「S」や「W」といった、CS放送はご覧になっていらっしゃいますか？

「CS放送」と聞くよりも、サービス名で尋ねたほうが、お客様にはなじみがある。

このような台本を作っておきます。
この台本を使って、実際にお客様の前で話すときの例は、次のようになります。→

2 「売れない」台本を「売れる」台本に変える！

セールストークについたぜい肉は、話し手の不安の表れ

「台本を作ってみたけど、売れるようにならない」

「台本を作って、最初はうまくいったけど、次第にうまくいかなくなってしまった」

という人がいます。

売れる人と、売れない人の台本の違いはどこにあるのでしょうか？

それは、間違いなく「シンプルであるかどうか」です。

たとえ説明したいことが盛りだくさんでも、売れる営業はすべてを話したりしません。

いいなと思ったフレーズをひとつ増やしたら、別の箇所からひとつ削る。そ

れくらい、意図的にシンプルさを保つことが大切です。

誰でも最初にセールストークを作るときは、たいていシンプルなものです。それが、商品知識や業界に詳しくなるにつれて、お客様に伝えたいことが増えていくんですよね。

私にも身に覚えがあるのですが、お客様からよく出る質問や反論がわかってくると、聞かれる前から先回りして、その答えにあたる説明をつい付け足したくなります。

「お客様に、ちゃんと伝わっているだろうか？」

熱意はあるのに、自分の話術に自信がない段階では特にそうです。

相手に伝えたいことが整理できていないまま気持ちだけが先走るため、同じことを二度も三度も繰り返してくどくなりがちです。お客様がその説明を望んでいるというよりも、こちらの、自己満足ゆえにやってしまうことなのです。

セールストークが長くなる原因は、「『ノー』を突き付けられるのはショックだ」という、「断られることを怖がる気持ち」にあります。

お客様に断られ、離れていかれることを恐れるあまり、「断りを未然に防ぎたい」「断られるにしても後のほうに延ばしたい」という心理から、つい矢継ぎ早に言葉を繰り出してしまうんですよね。言葉のつなぎ目に少しでも「間」があくと、そこに「ノー」を差しはさまれることを恐れているからです。ちがいますか？

話し手の不安が残っているままでは、「余分だな、まるでぜい肉だな」と思われる箇所を他人のアドバイスでいくら削ったとしても、いつの間にか元の長いセールストークに戻ってしまうのです。そう、ダイエットのリバウンドのように。

セールストークをシンプルにする狙いは、相手に質問してもらう余地をあえて残しておくことにあります。質問をしていただくほうが、相手の「知りたいこと」にピントが合っていくから、ニーズをつかみやすくなるのです。

また、お客様の大切な時間をいたずらに奪わないという意味でも、話し方がシンプルであるほうがよい結果を生むのです。

「朝4時」に起きなくても、差はつけられる

ここ数年は、朝活ブームもあってか、「早朝にアポがけをすれば、早起きの経営者は出社していて、事務員さん（まだ出勤していない）の取次ぎブロックにあわずにすみました」という事例が、ちまたで紹介されていますね。あと、「飲食店の店主にアポを取りたいとき、『夜中の2時ならどうですか？』と聞いたら、意外にスムーズ！」といった、スクープカメラマンばりの夜討ち朝駆け方式。

もちろんそれはそれで、情熱ある行動力が素晴らしいと思います。

しかし現実的には、それを新入社員に指示したらビビらせますし、早朝アポにしても始発で出勤か？　とか、4時起きしないと実践はできないのかも、とか、現場はいろいろ考えてしまうんです。

やはり、相手が仕事ど真ん中の時間帯でもアタックできる方法を編み出す必要があります。それにも、この「ダイエットトーク」が役立つのです。

企業や店舗に営業でおじゃまするると、商談する場所は必ずしも個室とは限りません。むしろ、人の出入りがある場所だったり、横やりが入ったりすることだってあります。

また、お話を聞いていただきやすい時間帯はいつなのか、対象となるお客様の業種、業態を考慮しても、正解はひとつではありません。

オフィスなら、決裁者は午後は不在がちであること。

飲食店ならランチタイムは絶対に避けて、開店前の仕込みの時間か、来客が一段落ついた14時半頃を見計らう。

製造業の場合、町工場の社長になら、昼食後の一服されている時間が意外にも話しかけやすい。反対に従業員の方は、昼食時間をつぶされるのを嫌がる。

そのように、経験を積んでわかってきたことは、社内で共有していました。

ただし、業種によって適切な時間があるとわかっていても、ドラえもんの「どこでもドア」みたいに瞬間移動できなきゃ、生かせないんですよね。悲しいけど。

というのも、どこの営業エリアの中にも、多種多様な業種がバランスよく混在しているわけではありません。製造業の集積地が担当の人は、見渡す限り工場しかないエリアを回ります。話しかけやすい昼食どきだけが営業タイムではないのです。

商業地を担当している人は、営業に行く先のすべてがお店ですから、相手の方はいつも接客中です。営業の勝負時間は、5分間いただけたら御の字、といった具合です。

だからこそ、お客様が何かの作業の真っ最中であっても、スマートに切り込んでいける術を身につけておくほうが有利なんです。

セールストークを極力シンプルにする利点、おわかりいただけたでしょうか。

次の項では、相手と状況によって、セールストークをシンプルに組み直していく過程をエピソードを使って紹介します。

市場の社長さんに聞いてもらえる話し方とは

それは、地域で一番規模の大きな市場を担当したときのことです。

広大な敷地の中に青果、鮮魚、乾物、と建物が連なり、道の向こう側には花き市場の棟もあります。それぞれに小さい事務所がびっしりと並んでいて、一つひとつがれっきとした営業対象でした。

通常、小売店に営業をかける場合、お話の途中で来客があったり、お取引先業者の方が来られたりしたときは、商談中でもパッと中断して脇にどきます。お客様のビジネスの邪魔をしないことは、営業として最低限守るべきルールだからです。

ところが、この市場にある事務所は、人の出入りがまったく途切れないのです。

アプローチのタイミングがつかめず、しばらく様子を見ていると、やっと正午近くになって構内の人の行き来が落ち着いてきました。

「ああ、ここはお昼すぎに来るべきなんだなぁ」と、思ったのも束《つか》の間《ま》、一帯からサーッと潮が引くように、人がいなくなってしまったのです。

（ありゃっ！　シャッターまで閉まっちゃったよ……）

初日は、何もできずに終わってしまいました。

負けたままでは女がすたる。翌日も、朝一番から市場に向かいました。

その日も場内は活気に満ちて、たくさんの人や車が行きかっています。

今度はタイミングを気にせずに、手前の事務所から順番にアプローチしていきました。

中ではキーマン（購入の決定権を持つ人）らしき人が、右手で電卓を叩き、伝票に何か書き込んでいます。ときどき左手で人が持ってくる伝票を受け取り、サインしてはお金のやり取りをしています。その間も、別の誰かとせわしなく会話をしているのです。

私はそこへ、周りの喧騒《けんそう》に負けないくらいの元気なあいさつをして、近づきました。

お客様は、手は動いたまま、視線は伝票に向けたまま、耳だけ私に注意を傾

けてくれているのがわかります。すると、後ろから割り込んできた業者さんがありました。私は、すっと一歩下がりましたが、

「あ、いいよ。しゃべって」

と、話を中断しなくてもいいと言ってくれたのです。

私はこれ以上できないくらいに、要点だけを短いフレーズで区切ってお伝えしてみました。用件を伝えたすぐ後は、もう結論に入っちゃうくらいに、です。あまりにも説明が足りないのではないかと、自分でも不安になるほどでした。

でも、相手から、

「えっ、それはどうしてなの？」

「それ、お金いるの？」

「無料でやって、おたくのほうには何かメリットがあるの？」

などと、反応をいただいたことに対してだけ、

「はい、お答えします。それは、○○だからです」

「初期費用はただいま無料でございます」

と、結論をポンと言い切り、補足が必要なら、「と、申しますのは、……」といった具合に説明を続けます。基本は、一問一答です。

お客様にとっては、自分から尋ねた質問への答えを聞くわけですから、話を長く感じないようです。「あ、そういうことなんだぁ」と、より関心を持ってくださる様子でした。

その日は、何件ものご契約をいただけましたが、どこの事務所でも説明中に、いろいろな人が割り込んできてはお金や伝票の受け渡しをしていました。そういった状況の中でも、お客様は私の説明の主旨を、見事に理解されていたのです。

この日、帰路につきながら、ああいった環境で仕事をなさっている方は、まるで聖徳太子《しょうとくたいし》みたいだなあと感心しながらも（聖徳太子は一度に何人もの話を聞きわけたという伝説があります）、ふと、考えました。

「そもそも会社や店舗を経営されている方は、皆さん同じなのではないかな？」

実際に人が出入りしているわけではなくても、頭の中では同時に2つ以上のことを考えたり、悩んだり、目配りしている状態のまま、営業マンの説明を聞くことが日常なのではないだろうか。そんなふうに想像を巡らしてみたのでした。

翌朝、社内で日課として行なっている営業スタッフとのロープレを、わざとぼんやり考えごとをしながら聞いてみたのです。ええ、実験です。

訓練の重要性を日頃から説いている立場上、本来ロープレを聞くときは、集中します。ただ、その日は、「営業マンの話を、うわの空で聞く社長さん」になりきって、スタッフのセールストークを片手間で聞いてみました。

すると、何も頭に残りませんでした。営業マンはいろいろとメリットを訴えかけてくれるのですが、他のことを考えながら聞いていると、細かい利用条件や根拠となる数字の説明が、頭をうわすべりしていきます。

普通なら、たくさんの情報の中から自分に必要な部分だけ選び取ろうという意識が働くものですが、そういった積極性と心理的な余裕がないとそれすらできません。

まあ、早い話が、最後までじっと聞いていないと結論がわからない話は、面倒くさくなっちゃうんです。

スタッフは、私の反応が鈍いからか、調子が狂ってあせりはじめ、言葉を噛みながら早口でまくしたてます。ますます何を言いたいのか、わからなくなってきたので、「もう、帰って」と、危うく言いそうになりました。ロープレなのに。

営業先の環境を再現してみると、お客様の気持ちに近づけますね。実験は、大成功というわけです。

セールストークをダイエットしよう！

お客様の置かれている状況や気持ちを、リアルに想像して、セールストークを組み直すことにしました。

このときの主な営業対象である中小企業は、決裁者イコール社長であることが多いです。

中小企業の社長というのは、現場仕事も、営業も、経理も、配達も、人事も、総務も、電話取りも、ひとりで何役もすることがありますから、本当に忙しいことでしょう。

そこで、訪問先のお客様が、「時間がないから、5分でしゃべって」と言われたと想定し、セールストークをとことんダイエットしてみました。

商談の時間があるときと、ないときで、セールストークの構成は異なります。

じっくりと時間をいただける場合は、基本形のセールストーク、135ページの「K+AIDCAの流れ」でお話しします。

時間が限られている場合の「ダイエットトーク」の台本は、次のような流れになります。

①お顔をあわせて30秒以内で、自己紹介と、訪問の目的、用件を伝える。

↓

②1分以内に、結論（お客様がこうむるサービスの恩恵）をスパッと言い切る。

↓

③そのあとに、「これをおすすめする理由はこうです」「なぜこれが優れているかと申しますと、こうだからです」と、先に伝えたメリットの根拠や理由を言う。

↓

④お客様のほうから、「じゃあ、いま使っている製品はどうなるの？」といった具合に質問されてから、はじめてそれに対して答える。基本は、一問一答（ついでに話しておきたいことがあっても、我慢すること）。

②は、通常なら、商品説明のクライマックスにあたる部分です。「ダイエットトーク」では、期待を持たせて引っ張ることをせず、最初にパーンと伝えてしまいます。時間がかかるから、「ティーアップ（136ページ）」もしません。

言葉を削《そ》ぎ落としては現場で試し、お客様の反応を見ては付け足し、これを数回繰り返して台本（スクリプト）に落とし込みます。

はじめは、物足りないんじゃないかと不安に感じた「ダイエットトーク」ですが、かえって切れ味が増して、相手への説得力が深まったようです。

コツをつかんだ営業スタッフの中には、短い商談時間をメリットと考えて生かし、一日で普通の人の5倍の結果を持ち帰るようになった人も出てきました。

お客様は説明を聞いて、食い足りないと思えば、質問してくれます。相手の「知りたいこと」に話のピントが合うからこそ、お答えしたことが心に響きやすくなり、結果的にご契約に結びつきやすいのです。

3 お客様から決めてくれる「すんなりクロージング術」

営業マンが一番苦手なもの

これまでお会いした営業職の皆さんに、苦手にしていることは何かと尋ねますと、必ず上位にくるのが、**「クロージング」**です。

「クロージングが弱い」「いつまでたってもクロージングがうまくなれない」といったテクニック面の課題もさることながら、「クロージングに対する苦手意識がいつまでも抜けない」「クロージングで断られるのが怖くなる」「クロージングに入ろうとすると手がふるえてくる」のように、**苦手な理由をメンタル面であげる人が、新人さんのみならずベテランにも多い**のはなぜでしょうか。

「クロージング」とは、お客様の決断を促して、商談を締めくくること（つまり、営業を閉じていくこと〈クローズ〉を意味します。

面白いことに、営業職を経験したことのない人からも、「僕は、クロージンググができないから、営業なんて無理です」と言われたことが、一度や二度ではありません。

おそらく、自分がお客様の立場になったときの気持ちを想像してしまうからでしょう。確かに、営業マンにあまりガンガンと押されるのは怖いし、うっとうしいと思います。また、断ったときや、「ゆっくり考えたい」と言って商談を打ち切ろうとしたときの気まずい空気がなんだか嫌だな、と思ったり。**多くの人は、あえて自分から「悪者」になることを好みません。**ここまで「友達になる」という言葉を意識して、和やかにお話をしてきたのに、急に「売る気」を出すことで関係性を壊してしまうのでは、とつい慎重になってしまうのでしょう。

そうやって徐々に、クロージングの苦手意識が育ってしまうのではないでしょうか。

しかし、お客様が「買いたい」というのを待っているだけではダメで、こちらからの積極的な働きかけはどうしても必要です。それはお客様のほうでも大きな決断を必要とする、値の張る商品であればあるほど、大きな案件であればあるほど、大切になってきます。

お客様が見せる態度と、本心は一致しない

クロージングへの苦手意識があるために消極的になってしまうと、商談の主導権が握れなくなります。すると、相手の本心にいまひとつ踏み込めず、営業マンとお客様との間にミスマッチが起こります。

たとえば、①商品が欲しくなってきたのに、背中を押してくれなくて物足りなさを感じたり、あるいは、②逆に商品は要らないのに、詰め寄られていると感じたりします。

でも、この2つを見て、「あれっ？」と疑問に感じた人がいるかもしれません。なぜなら、①の状況であれば、強めに押したとしてもお客様に嫌がられはしないように思えるからです。

ところが、お客様というのは、心の中と、表に出す態度が必ずしも一致しな

いのです。

気持ちは買うほうに傾いているけれど、営業主導で話が進められちゃったらひいてしまうし、欲しそうな顔を見せたら、値引きやサービスをしてくれないかもしれない。衝動的に買ったら後悔するかもしれない。

お客様というのは、「あっ、この人、食いついてきているな」と見透かされないように、わざとクールに振る舞うものなのです。

別の理由で、②のように商品を要らないと考えている人も、心の中とは逆の態度を見せることがあります（しかも、けっこうあるんです！）。

「すごくいいお話をありがとう。でも、今日は（契約書を）書くのをちょっとやめておく。やるときは、絶対にあなたから申し込むからね。ここに電話すればいいんだよね」

断ったとしても相手の営業マンが気分を害さないように、穏やかな雰囲気のまま、丸～くやり取りを終わらせるのです。それは見事なものですよ。私も経験値が低かった頃はこういうときに、「見込み客が1件できた」とぬか喜びしたものでした。でも、こういった反応のお客様は、見込み客でも、脈アリ客でもなく、「白黒ついたお客様」なのです。

お客様との間の雰囲気とか、空気といった実体のないものを気にしすぎて笑顔を作り、「わっかりましたぁ。どうぞ、ごゆっくりと検討してください」と、パンフレットを何種類もお渡しして帰ってくる。

売れない頃の私の営業の終わり方は、ほとんどがこんな感じでした。「相談する」と言われると、家族会議でも開いてくれるのかと期待しちゃいます。

しかし、「契約することにしたよ」という電話はかかってきません。私は、たんに強引な売り込みをしない「いい人」を演じているだけでした。いい人はいい人でも、「どうでもいい人」です。

「いかがですか?」は最悪の言葉

まず、クロージングに限らず、営業のすべての場面において、言ってはいけない言葉を知ってください。

「いかがですか？」

相手に結論を丸投げし、かつ押しつけがましい響きがするセリフの代表選手です。

特に、会話に間が空いてしまい、ついこのセリフを無意識に、また無造作に使ってしまう人。相手は間違いなく、あなたから逃げたくなって、次のセリフを返歌《へんか》のごとく言うでしょう。

「考えておきます」

対処の方法で悩ましいのは、お客様の「前向きに検討します」という反応です。

私は、大阪をはじめ、関西圏での営業の経験が長いので、関西人の「考えさせてもらいますね」という反応は、「今回は、要りません」と同じ意味だというのはわかります。「検討しときますわ」というのも、限りなく「ノー」に近い。

でも、そこに、「前向きに」がくっつくと、期待してしまうんです。これが、じつは始末が悪いんですよね。

これ以上突っ込んで質問して、「しつこいな。検討すると言うてるやろー」と怒らせて、お客様の感情の針が買わないほうに振れてしまったら、すべてが水の泡です。

ところが一晩もたてば、お客様の頭の中では、別の情報や出来事がどんどん上書きされていき、検討するどころか忘れられていくのが関の山。

最悪なのは、ニーズの掘り起こしをせっかくやったのに、ライバル社に横からさらわれていくことです。即決せずに帰ると、そういう危険を冒す可能性があるのです。

そうならないためにも、あなたは帰る前にお客様の本心を知るためにもう一歩踏み込む必要があります。高度なクロージングテクニックはまったく不要、誰にでもできる方法を次にご紹介しましょう。

私が行なっていたシンプルで大胆な作戦

お客様は、本心と裏腹な態度を取ることもあれば、そのままの場合もあり、じつにわからないものです。そこで私は、ある方法を試してみることにしました。

『契約書を大胆に出しちゃおう作戦』です。

じつは当時の上司が、クロージングに入ったら、お客様が「買う」とおっしゃっていなくても契約書を出して、ペン入れをするように指示を出していました。ペン入れといっても、お客様の自署が必要な箇所には何も書きません。ご決断を促すために、契約の締結とは無関係の項目になんでもいいから書き始めろ、ということです。

「わ、わ、そんな強引なこと、無理だってば」

私にはとてもできそうにない、と思いました。

お客様の中には、決断を迫られてから、初めて買おうかどうしようかを考え始める人がいます。商品の説明にも十分にうなずきながら聞いてくださるからといって、それが興味津々のサインとは限らないのです。愛想良くあいづちを打ってくださるが、それは単にその人の習慣で、実際は商談内容を他人事のように聞いている場合がありますから。

どちらにしても、「買いたがっているわけではない人」に、ズバッと契約書を差し出すほどの根性は私にはありません。

しかしお客様の決断を促すためであれば、上司の指示は強制ではありませんでしたが、一理あるなと思い直し、一計を案じました。私の臆病な意思に関係なく、契約書が出るように仕込んだのです。

営業ツールとして必須の資料は、A4サイズのクリアファイルのポケットシートの中に、整理して入れてあります。それを営業のアプローチブックとしてプレゼンに活用していました。

お勧めする商品の価格表もその中に入っています。

プレゼンの最終段階では、競合する他社の商品価格を先にお話しし、価格の相場を理解してもらったうえで、自社商品の価格を提示します。

価格表をご覧いただくためにそのページを開けたら、そこに契約書が一部、資料に重なって置かれている状態にしたのです。クリアファイルのポケットの中ではなく、外に、はさんであるだけです。

お客様の視界には契約書が突然に現れるわけですが、何事もなかったように（わずか横に30センチくらいの移動ですが）サッとどかして、価格提示と、分割払い方法などのお支払いの話を続けます。

このアクションのポイントは、契約書とペンを差し出して、「さあ、書いてください」とせまらないことです。

そして、買ってくれそうな気配のある人にだけ契約書を出すのではなく、**どんな相手にも例外なく出して見せること**にあります。やったり、やらなかったり、ということがないように、訪問前には、契約書をはさみ忘れていないか、必ず点検することを日課にしていました。

「とりあえず聞くだけ聞いて、そのうちに返事をすればいいや」と、のんびり構えていたお客様は内心驚かれるでしょうね。「今日の話のゴールは契約にあるんですよ」ということを示されるわけですから。

やってみたら、意外にカンタン……

効果は、狙いどおりに現れました。

それまでは、「この人がご契約を迷う理由は何？　お金の問題じゃないって言うなら、なぜ決めてくれないんだろう」と、よく悩みました。また、ご契約をほのめかした人までもが、翌日ころっと豹変するのはいったいなぜなのか、お客様の反応に振り回されている気がしました。

ところが、契約書が目の前に現れることで、（失礼なのですが）まず冷やかしみたいなお客様の決着が早くつくようになったのです。

買う気がまったくないのに長く話を引っ張られることもなくなり、切り上げた時間を、別の仕事に振り当てられます。

反対に、買うほうに気持ちが傾いているお客様は、価格の話、他社との比較、買わなかった場合に想定される出来事などを、より真剣に聞いてくださいます。

営業が説明する内容は、真剣に聞いていただくほどに、強く浸透していくものです。ご契約が決まるときは、本当にあっさりと決まります。

この『契約書を大胆に出しちゃおう作戦』の一番のメリットは、「イエス」と言っていただけないお客様の最大のネックがどこにあるのかが、如実にわかるようになることです。

「検討します」といった漠然としたご返事では、お客様がご契約を決めなかった理由が、明確にわかりません。それよりも、断られるなら、断る理由を言ってもらえたほうが、目の前のお客様には逆転勝ちすることは難しくても、次に出会うお客様のための学習ができます。

クロージングではヘッドアップするな!

売れなかった時代、クロージングのときに、その場の空気が妙に緊迫するのがとても苦手でした。

そのことを上司に相談してみたところ、「ヘッドアップするな」というアドバイスをもらいました。

「ヘッドアップ」とは、たとえば野球のバッターが球を打つ瞬間に、自分が打ちたい方向をつい見てしまい、頭を上げてしまうことです。球から目が離れてしまうために、結局打ち損ねてしまいます。ゴルフでも同じことをよく言いますよね。

結果を気にしすぎて、いまの瞬間にやるべきこと（話すべきこと）から目を離さないようにしろ、集中しろ、ということです。

心の中で「この人、契約してくれるかな。反論してこないかな」などと結果を気にすると、それが目つきにも表れてしまいます。顔色を窺《うかが》うから声が小さくなったり、焦りから急に早口になったりします。結果、お客様に不信感を与えてしまうのですね。

逆に、お客様の反応があまりにも良い場合にも「ヘッドアップ」には注意が必要です。「ご契約が取れそうなパターンだな」と、つい油断して、競合他社との価格比較を丁寧にやらなかったことで、最後になって「価格が高い！」と言われて駄目になった実体験もあります。

クロージングに入ったときには、結果を一切気にしないことです。その代わり、目の前の事実を伝えることに集中します。価格を伝えるのであれば、正確に伝わるように尽力します。お支払い方法や、納期を伝えるときも、すべてそのことだけに集中。口調は一定、テンポも変えません。むしろ、ゆっくりしたテンポを心がけましょう。

クロージング場面では、ただでさえドキドキして早口になりがちです。最後のほうは、自分ではスローテンポで話したつもりなのに、試しに録音してみた音声を聞くと、全然ゆっくりじゃないんです。それだけ、ことさらに意識しないと、皆早口になってしまうのです。


そして、最終局面では30センチほど脇にある契約書を、テーブルの真ん中に持っていき、

「お任せいただけるのでしたら、この機会に始めてみてください」

「よろしければ、私どもとお付き合いください」

このように促して、契約書にサインをしていただくことです。

私のやり方も、はじめは武骨でストレートすぎるのか、相手にひかれることもしばしばありました。

「あんた、これ契約書だろ。誰もやるなんて返事していないじゃないか！」

手裏剣みたいに投げ返されたこともあります。

それでもやっているうちに、すぐにこなれてきて、所作がだんだんとスマートになっていくものです。怖がらずに契約書を出してみてください。

「いきなり結論をせまれないよ」という人は、次のようなセリフを添えて、ならし運転をしてみましょう。少々、弱気なセリフなのですが（笑）、言わないよりはずっといいです。契約書をテーブルの真ん中に持っていくとき、

「お申し込みいただく場合は、こちらの用紙にご記入いただくルールになっております」

という一言を添えます。ルールを説明しているだけです。契約してくれとは、言っていません。または、

「お始めになる方に書いていただくのは、こういう用紙なんです。見てくれますか」

書いてくれとも、申し込んでくれとも言っていません。「見てください」と言っているだけなのです。「申し込んでも、いいかな」と前向きになってくれているお客様は、「じゃあ、これに書けばいいの？」と聞いてくれますから、あなたのほうが拍子抜けするでしょう。

こんなふうに、なにしろ契約書をお客様の視界と意識の中に入れてしまえばいいのです。

「買いたい！」気持ちをアップさせる「欲望の３チ」

クロージング場面での駆け引きばかりがうまくなっても、そもそも相手の心に「欲しい」「手に入れたい」という欲求が起きていなければ、営業は成立しません。クロージングで強く押せたから売れたとしても、キャンセルになれば元も子もないですよね。

逆に、お客様の「欲しい」という気持ちを見事に引き上げてから、クロージングを打てば、「選んだのは、自分の意思なのだ」といった具合に、お客様の判断で決めたのだという印象を残して終われます。そうすれば、あなたは「良い商品を紹介してくれた仕事熱心な営業マンだ」と好印象を与えることができます。

お客様が買いたくなる動機づけに必要なのは、じつは３つの要素を意識することなのです。それが、**「欲望の３チ」**。３チ（さんち）とは、

①ムチ
②ケチ
③ヤキモチ

のこと。

では、それぞれ何を意味し、どんな「欲」を刺激するのかポイントを解説します。

①「ムチ」は「無知」のことです。

お客様は、その道の専門家ではありません。

人は、オーソリティ（権威）に弱い。

どんな話題を提供すれば「へぇ〜」と驚いてくれるのか。知らない世界を新しく教わったときの驚きや、わくわく感が引き出せるか。

魅力ある提案で、自分に不要なものだと思い込んでいた先入観がくつがえる感動を与えること。

たとえば商品の誕生秘話、業界の歴史を調べていくと、思わず人に教えたくなる雑学ネタがきっと見つかります。

②「ケチ」とは、経済観念です。

無駄な出費はしたくない。同じものを買うなら少しでも安いほうが嬉しい。安かろう、悪かろうには引っかかりたくない。価格を超える価値があるか。価格以上の満足感を得られるか。リターンが確実でないなら、リスクを取りたくない。

ちなみに、高校生向けの教材営業をしていた頃、プレゼンに入る前の、つかみの話題の中で、親子共々、最も身を乗り出した話題は、なんだと思いますか？　学歴による「生涯賃金の比較」でした。俗っぽい話題ではありますが、おカネの話は鉄板だったのです。

③「ヤキモチ」は、焼きもち。嫉妬。

あの人のようになりたい。あの人には負けたくない。

流行に乗り遅れたくない。特別なものを手に入れたい。

モテたい。うらやましがられたい。注目をあびたい。

ダイエット食品を利用する人の目的は、スリムな体を手に入れたい気持ちにあります。さらにその先の「好きな人を振り向かせたい」「服を格好良く着こなして、人の注目をあびたい」という願望を刺激すると、より伝わります。

こうしてクロージングに入るまでに、「欲望の3チ」で、お客様から十分なイエスをもらっておけば、すんなり意思表示していただきやすくなるのです。

「欲望の3チ」として話すネタを、あらかじめ考えて書き出してみましょう。いくつかのパターンを考えて台本にしておけば、口ベタな人も、新人さんも、無理なく活用ができるはずです。

また、この「欲望の3チ」をまったく取り入れられていない商品説明なんて、聞いていて面白くもなんともないものです。営業マンが話したいことだけを話している、不親切トークと呼んでもいいくらいです。

新人の頃、「クロージングで、あまり粘らせてもらえない」と先輩に相談すると、「ムチ、ケチ、ヤキモチをちゃんと使えているか？」と問い返されたものです。ここだけの話ですが、当時は、「女の3チ」と、教えられていました。「ムチ、ケチ、ヤキモチ」は、女性だけの感情では、もちろんありませんので、あしからず。

お客様の「その気を下げる」危険なひとこと

お客様を「その気にさせる」のが営業マンの役割なのに、その反対の、「その気を下げる」危険性があるひとことを言ってしまう人がいます。

「絶対の自信がありますから！」

商談の最後、もうひと押しの場面でよく聞かれることがある、このセリフ。あなたも、深い考えもなしに、言ってしまうことはありませんか。

これを言った瞬間に、それまで積み上げてきた会社の信用性や商品の良さが、お客様の頭の中からスーッと薄まってしまうかもしれません。

でも、訴えるほうは、渾身《こんしん》の想いをこめているのに違いありません。

この温度差は、どこからくるのでしょうか？

このセリフが発せられる前には、当社の商品は他社より優れているとか、このシステムを導入すれば売上アップは間違いないとか、経費が削減できるといった、お客様のメリットに関わる話をしていることでしょう。

それなのに、お客様が煮え切らない。そんなときについ言ってしまいがちな言葉です。

このようなときお客様は、

「営業マンがアピールするような効果やメリットがなかったら、お金が無駄になる」

「失敗に終われば責任を問われるから、判断は慎重に行なおう」

このように、マイナス面について考えていることが多いものです。

商談相手は、「これといった決め手がない」から迷っているのに、「自信がある」「信用してくれ」と抽象的な言葉で説得しようとしても、なんにもなりません。

仮に相手がそのセリフにうなずいてくれたとしても、想像してみてください。

もし営業先が、企業の場合。

相手の方が社内決裁をとるときに、「この業者を選んだ理由は、営業担当者の『自信があります』という念押しです」と言えば、「お前は、アホか」と却下されることでしょう。

もし営業先が、個人の場合。

家へ帰ってきたら奥様が、「これ、買ってもいい？」と相談してきたとします。「なぜ、ここのがいいんだ」と尋ねた答えが、「だってぇ、営業の人が『自信あります！』って言ったんだもん」と返ってきたらどうしますか。営業マンにうまく丸めこまれたんじゃないかと思うでしょう。

自信の根拠（証拠）、お客様にとってどんなベネフィット（便益）があるのかを明確にしましょう。

「絶対の自信があります」というセリフには、うさんくささが付きまとうのです。

「絶対」、「必ず」、「大丈夫です」。反射的にこの種の言葉が出てくると、「本当は大丈夫ではないんだろうな」と、見透かされてしまうでしょう。**成功する営業は、いつも「相手起点」で話します。**受け答えのときにお客様が聞きたいのは、具体的な回答なのです。

たとえば、

（お客様）「この機械、壊れたりしないの？」
×「絶対に大丈夫です」
◯「5年間の保証付きです。もしもの場合は無償で交換いたします」

（お客様）「この健康器具、本当に効果あるの？」
×「間違いないです」
◯「効果をお感じにならない場合、◯日以内ならご返金いたします」
◯「使い方を誤ると、効果は期待できません（正しい使い方への誘導をする）」

「絶対」と言わないことだけでなく、143ページの「言いにくいことほどはっきり言う」でお話ししたように、マイナス面を想定した質問には、メリットを訴えるときと同じくらいの声の大きさで、マイナス面を受け入れる対応を言います。

こうすれば、お客様の迷いが信頼に変わり、決断がしやすくなります。

「お得」でもお客様の心が動かせないのはなぜ？

しかし、たとえば、コスト削減など、どう考えても相手にメリットがあることでも、たんに合理的な説明だけに終始していては、よい返事をもらえないことがあります。そんなときは、営業する相手が法人、個人、どちらの場合でも、相手の喜怒哀楽を引き出しながら話を進めると、伝えたいことを、より浸透させる効果があります。

ひとつの例として、以前、法人のお客様に対して、通信事業者（NTTやKDDIなど）のマイラインサービスを切り替えていただく営業をしていたときの、後輩の営業スタッフの失敗と、その後の挽回の様子を再現してみます。

後輩のYくんは、誰から見ても、一所懸命な営業マンでした。

身だしなみに問題はなく、ライバル社のサービス内容や料金についてもよく勉強していて、お客様の所で臨機応変に比較して見せることができます。

それなのに、営業成績がふるいません。

「僕のやり方の、いったいどこが悪いんでしょうねえ。本当、へこみます」

そこで、彼の営業現場に同行することにしました。

こういうときは、生の現場のお客様の反応から、答えを得ることが一番の近道です。

彼と一緒に何件か飛び込んだのち、ある小規模企業の責任者の方が、仕事の手を止めて話を聞いてくださいました。

「うちはね、電話にしろ何にしろ、相手からかかってくるほうが多いんだよ。こっちからかけることは少ないから、通信費はたいしてかからないよ」

Yくんはそれでも、「念のため」と、お客様の会社に届いている電話やインターネットの請求書を持ってきていただくように依頼しました。

（いいぞ、いいぞ）

私は、彼の真横から半歩だけ下がり、お客様と彼の両方の表情が見える位置に立ちました。ここが、同行する者のベストポジションです。

来訪者の応対用に置かれているカウンターの上に、通信費関係の請求書と、手持ちのパンフレットを並べて、彼は説明を始めました。

「御社は、使っていないと言われつつも、長距離通話がこれだけあります。私どものお勧めするサービスに切り替えていただきますと、ここから●%引き、あと（指しながら）ここも概《おおむ》ね●円は削減できます」

よどみなく、数的な根拠を交えて説明できています。でも、お客様の反応が少々鈍いのです。お得な話であるのにもかかわらず、表情が曇《くも》っているように見えました。

彼の言っているコスト削減の中身については、間違いではない。

でも、お客様の気持ちを少しも巻き込めていないのです。本当にコスト削減が期待できる状況であるのにもかかわらず、Yくんだけが「ひとりしゃべり」をして、お客様がついて来られていません。

「……ですから、御社がこのサービスを導入されれば、月々のお支払いが●千円もお安くなりますので、年間の差額は●万円になります！」

フィニッシュは、自信に満ちた誇らしげな顔。

一瞬の間があってから、相手の方がこうおっしゃいました。

「ええわ。安くならんでもええ」

広げた請求書をつかんで、さっと奥に引っ込んでしまわれたのです。

昼食の時間を利用して、私は彼と先ほどのやり取りについて振り返ってみました。

「あのね、Yくん。どや顔っていうのかな。あれ、印象よくないよ」

「ええっ、そんなつもりはないですよ。あれは、『自信あります』をアピールする顔なんですよ。『うちを選んでください』と、頭を下げてお願いする営業じゃなくて、お客様より優位に立ってリードしているつもりなんですけど」

「心理的に優位に立つのと、態度で優位に立とうとするのは、全然違うんだよ」

「でも、他社のより、うちのほうが安くなることを強調しなきゃ、お客様は付き合っている事業者を思い切って替えてくれませんよ」

「……Yくん、『札束で頬を叩く』って言葉あるよね。あなたは、それと同じことをしたんだよ。わかる？」

「いやあ、そこまで大げさに言われることですかねえ……」


Yくんには、いまやらかしたばかりの失敗の記憶が消えないうちに、気づいてもらわなければなりません。


「あなたは別に、自分の努力でお客様のお支払い料金を下げたわけではないよね。情報や人脈を駆使したりかけ合ったりして、汗をかいてとっておきの見積金額を出したの？　仮にそうであっても、恩着せがましさを見せちゃいけないものだよね。お客様には、まるで安さに屈服したかのような気持ちを抱かせないように、配慮しないといけない。どうしたら、お客様は気持ちよくあなたに任せようとするのか、感情面をおもんぱかることが大事なんだよ」

「安くなるなら、誰だって気持ちがよいんじゃないんですか？　うちの商品は、安くなってナンボのサービスでしょ。じゃあ、どうすればいいんですか」

「午後からは、私と交代しましょう。私がお客様にアプローチするから、Yくんは見るほうに回って」

行間にある「ト書き」を意識して話す

セールストークは、ただ話せばいいってもんじゃありません。お芝居の台本でたとえると「ト書き」にあたる部分を意識して演出すると、商談は盛り上がります。

「ト書き」とは、役者さんのセリフにともなう動作や表情、心情、風景、あるいは舞台上の様子など、セリフ以外の演出を示す注意書きのことです。

「『Aくんに、絶対に甲子園に行ってほしいの……』

——B子、土砂降りの中で泣き崩れ、手に持っていたお守りを握りしめる」

この太字の部分がト書きですね（どんなシーンなんだろう……）。

さて、前項目で、私と交代したYくん。

アプローチも、セールストークも、Yくんのやり方に似せました。見てもらいたい相違点は、お客様に話を振った後の受け答えです。

「この項目が、市外や県外におかけになった分の料金です。長距離でなくても、市外局番が違うエリアは、近くても全部割引対象なんですよ」

「あ、そう。電話するときに市内か市外かなんて、いちいち考えてかけてないからね」

「ですよねぇ。お取引先などよくかける所は、短縮ダイヤルに設定されてますでしょ。特別に意識されませんよね」

「そうなんだよ。ふうん、本当だね。使ってないと思っていたけど、意外とあるもんだね」


――営業側から指摘するのではなく、お客様ご本人に気づかせて、ご本人の口から言ってもらえるように促す。「受容の5原則」の共感する、同調する、を十分に意識することがポイント。

「もし、私どものサービスに切り替えていただくと、……概算ですが、ちょっと出してみますね。ちなみに、○○市以外でよくお電話する相手先といえば、どこでしょう？」

「うーん、K市には毎日電話しているね。あと、たまにF県にもかけることあるかな」

「K市に通話される分も、●%引きになります。F県のように100キロ以上離れた所ですと、元々の通話料金の●円が一律●円となりますから、実質●%もお安くなります」

——他人事ではなく、自分事だと捉えていただけるように、具体的に尋ねる。そのためには、会話の中に固有名詞を入れるのがコツ。相手の返事に出てきた固有名詞（このケースなら「K市」とか、「F県」）を話題にからめていく。

「そうしますと、年間では、（●円×12カ月＝●円と、口で言うだけではなく、手を抜かずに手元の紙に書く）これだけ削減できちゃいます。わあっ、けっこう大きいですよねっ！」

——傍線部では、お客様の問題を、まるで自分のことのように喜ぶ。お客様は警戒心を持っているため、契約を決める前に手放しで喜んだ顔などは見せない

もの。しかし、こちらが先に喜怒哀楽を見せて反応してあげることによって、お客様も喜怒哀楽を出しやすくなる。

「うん、うちみたいな零細企業にとっちゃ、大きいよ」

「何をおっしゃいますやら。どんな企業様でも、少しでも省ける費用があれば嬉しいと言われますもの！」

——向こうから言ってきたことに対してだけ、同調する。ここで調子に乗って、「浮いた分は、飲み代に回せますよ」などと言わないように。

「で、どうすればいいの？　何か書類に書けばいいの？」

「ありがとうございます。それではこちらの申込書にご記入を……」

外に出てから、ビル陰でYくんがメモを取り終わるのを立ち止まって待ちました。

「いままでずっと、『安くなるのに、なぜ入ってくれないんだろう』と悩んでいました」

「私とYくんのセールストークを箇条書きにしたら、9割方は同じだと思う。でも、営業で大切なのは、そのトークにどんな感情を交えて受け答えをするか。

それによって、相手の感情を引き出してあげること。

自分では、大げさかな、とちょっと照れちゃうくらいの言い方で、相手にとってはちょうどいいんだよ」

この後、彼は、「行けば、獲《と》れる」（営業現場に出れば必ずご契約がいただける）という自信に満ち、実際に「ゼロ」で帰ってくることが一切なくなりました。

持っている材料は変わっていないのに、材料の生かし方が変わっただけで、多くの成果を獲得できるようになったのです。

営業としてお客様から「イエス」が欲しいとき、こうやって喜怒哀楽を引き出すための誘い水を出すことが、なかなか氷解しない相手の警戒心を解く手助けとなります。その効果が表れれば、相手のほうから「欲しい」というサインを発してくれるのです。

「セールストーク」と「ト書き」をワンセットで台本を作っておけば、私のような口ベタで臨機応変な対応に自信のない人も、上手に現場でやり取りできます。

第5章

「その他大勢」から抜け出せた部下がやっていたこと

1

「解雇寸前社員」ばかりのチームを、売上トップに育て上げる

「崖っぷち社員」が、生まれ変わる

私は会社員時代、ある時期から、売れなくて「解雇寸前」の社員ばかりを集めた営業組織をマネジメントすることになりました。

ほら、学園ドラマの第一話って、落ちこぼれの生徒ばかり集まる学校に、他校を追われてきた訳あり教師が赴任してくるところから、話が始まりますよね。

会社にも、そんな話が現実にあったのです。

始まりこそは光が当たらなかった仲間たちでしたが、まるでドラマの最終回近くになって落ちこぼれだった生徒がクラスを率いていくように、「再起動」して、みごとにトップセールスマンに変貌を遂げる人も出てきます。

さらに、最も売れるチームとして、団体戦の優勝旗を何度もゲットしました。

また彼ら彼女らは、営業未経験の新人のよき手本となってくれたので、コンテストでは全国のグループ会社すべての新人500名のうちの第1位や、第2位が私のチームから出るようにまでなりました。

この章でお伝えしたいのは、私がそんな部下たちをマネジメントする立場から、より鮮明にわかってきた「売れない〝その他大勢〟社員が、売れるようになるための方法」です。エピソードを交えてお話しします。

「敵前逃亡」と罵られた私

先に私は「解雇寸前」の社員ばかりを集めた営業組織、という言い方をしました。誤解のないように付け加えますが、会社はこのとき、あるひとつの種類の仕事で成果が上がらなかったからといって、その人の能力すべてを否定するようなことはしていません。

たとえば教育事業で芽が出なかった人は、別の商材を扱う部署に。あるいは、営業の役割を分担して、アプローチの部分だけを受け持つ人になってもらうこともあります。それぞれの人の適性は、やってみないとわからないものなのです。

このときあらためて着任した営業所は、教育関連など他事業の営業でうまくいかなかった人の受け皿にもなり、私はそこを任されることになったのです。前の商材は合わなかったけど今度こそ、と希望を持って移ってきた人もいれば、前の上司に見放されて、ろくすっぽ営業指導をされていない状態の人もいて、さまざまでした。

ところで、私はこの部署に来る前、法人向けのコピー複合機の販売事業の立ち上げに関わっていました。後述しますが、その部署でいろいろなことがあり、転勤願いを申し出て、この部署に移ることになったのです。

しかし、前の部署を抜けてきたことに対し、私はマネジャー職にとっては屈辱の「降格処分」の一歩手前（執行猶予みたいなものです）を言い渡されます。次の昇降格審査のときに解除されなかったら本当に降格となります。

いったい、何に対するペナルティなのかと事業部長に気色ばんで尋ねると、

「敵前逃亡したから」

と、ただひとこと返ってきただけでした。

戦争のさなかで、兵士が戦闘命令に背いて逃げ出したと。うまいこと言いますよねぇ。（いや、まちがえた……）卑怯者で腰ぬけみたいな言われ方じゃないですか！　しかも、逃亡って、なんだよ。

私の中で、何かがメラッと燃え上がった気がしました。

前の部署では、新規事業の立ち上げということもあり、ＯＡ機器関連の販売会社としては、モーレツ営業で有名な光通信という会社にいた人たち（辞めて、うちに転職してきたわけです）を受け入れ、スタートさせました。私の上司には、光通信で統括マネジャー経験のあるＪさんという人が納まりました。

私は、呼称だけマネジャーのまま、新しい販売ノウハウを覚えるために、部下の皆と一緒にテレアポをして営業に出ることになりました。

しかし、私はこれまでやってきた教材との違いで、成約にこぎつけてもキャンセルになることが増え、またＪさんが古巣から連れてきた部下たちも、大阪の独特の販売の現場に慣れず、苦戦を強いられていました。Jさんは、かなりカリカリ来ていたようです。外から「ご契約いただけず」と報告をしてきたスタッフを、携帯のバッテリーが切れるまで言葉で追い詰めることもありました。

追い詰めるよりも、助言をしてやってほしい。気合い論でなく、できれば具体論でいろいろ検討し合いたい。そうJさんに訴えると、こう言ってきました。

「俺が新人のときに同行させてくれた先輩は、月締めの最終日に、あと1台で目標達成がかかっていたからさぁ、お客さんの前で涙を流して土下座したんだよ」

「土下座？　で、契約もらえたんですか？」

「『ふざけるな、帰れ』って言われたけどさぁ、俺は後ろで見ていてすごく感動した」

「買ってもらうための土下座はおかしくないですか？　されたほうも迷惑だし」

「長谷川さんには、男のロマンがわからないんだよ」

……ロマン、って。土下座して泣くことがですか？　わからなくていいから、そんな営業は絶対にしないし、誰にもさせたくない。そう思いました。

ある日、夜の11時になっても、アポ取りの電話をやめさせてくれないことがありました。

頭を飛び越した直訴は筋ではないと知りながらも、翌朝、事業部長から注意していただこうと、電話で相談をもちかけたところ、予期せぬ反応が返ってきたのです。

「俺が、やれって言ったの」

驚いて、二の句が継げないでいると、さらにこう言われました。

「お前たち一回、地獄を見ればいいんだよ」

その後、不合理な扱いが急にエスカレートしてきて（詳細は控えますが）、我慢してまでここにいる意味が見出せなくなりました。悩んだあげくに転勤願いを申し出ると、「すぐに本社へ出頭せよ」となり、処分を言い渡されたわけです。

この経験は、私にとって、セールスマネジャーの在り方を見つめ直すよいきっかけとなりました。

私は、私のやり方で、トップを獲りたい。土下座や、気合い論では、若手は輝かない。そう思ったのです。

でも、立場が逆なら、私もJさんみたいに圧迫型マネジメントをしていたかもしれない。販売数字を見込むとき、こういう実力の営業スタッフがこれだけいて、だからこれだけ上がってくる、いつしかこんな考え方になっていました。本来、数字は自然と上がってくるものではなく、人の営みによって作るもの。一つひとつどのようにして売って積み上げていくのか、そこをないがしろにしていなかっただろうか、とも思いました。

私がまだ、一プレイヤーだったとき。月が替わると、営業成績が記された先月のグラフ用紙が書き換えられて真っ白になります。それを見て、いつも怖かった。今月も同じように売れる保証はどこにもありません。毎月はじめは、必死で一本目の契約を取りました。

マネジャーになっても、月はじめの真っ白なグラフは相変わらず怖いのだけれど、一人ひとりのスタッフが感じている怖さを理解してやれていただろうか？　皆のために私はエネルギーを注入できているのかな。どうやって売っていけばいいのか、もっともっと突き詰めて考えて動こう。

そういう腹が固まり、私も自分を「再起動」させることを誓ったのです。

2 営業職で伸びる人、成功する人の考え方

先が見えないとき、自分に問いかけてほしいこと

「自分はこの先どうなるんだろう」

仕事がうまくいかないとき、自分の行く末を案じて不安にかられること、ありませんか？

えっ？　毎日、案じている？

新しい職場で私と仲間になった人たちも、そんな悩みを抱えていました。

赴任先のチームを前任者から引き継ぐとき、「もう戦力になり得ない人や、やる気がない人は、退社か異動になっています」と聞いていました。となると、残るはやる気があって、戦力となるスタッフばかりのはずでした。

しかし私が着任したとき、営業所内にはしらけた空気が漂っていました。前に立ってあいさつをしましたが、皆、下を向いているか、こちらを見ている人も目が合うとすぐにそらします。手を使わず「あっち向いてホイ」をやっている感じです。

親睦をはかろうと、その日の仕事が終わってから全員を食事に誘いましたが、私から一番遠い席から埋まっていきます。皆、隣の人同士だけでおしゃべりに夢中になれば、私が声をかけにくいだろうとか考えていないし、会計したのは私ですが、誰も「ごちそうさまでした」を言わずに帰っていきました。わかりやすいですけどねぇ。

翌日、ひとりずつ、個室に呼んで面談をしました。

皆は、次々と辞めていった同僚を横目で見ながら（辞めさせられた、ととらえていました）、いったい自分はこれからどうなっていくんだろう、そのうち自分も首を切られるんじゃないかと、会社への不信感が心を支配しています。

しらけた空気をつくっていた原因もそこだと感じました。

そうじゃないんだよ！

皆に前向きになってもらいたい一心で、私は次の三点を確認しながら、一人ひとりを個室に呼んで話しました。

・「どうなるか、ではなく、あなたはどうなりたいのか」
・「自分のため、自分が生きていくために、仕事に向かっていけるか」
・「売れる自信がついたら、前向きになれるか」

じつはこの一点目は、私がいつも自問自答していることです。「どうなるんだろう」と思うこと自体が、他人に運命をゆだねていることですからね。

他の二点は、経験から選んだ話題ですが、できるだけ相手のほうに心の内を話してもらいたいという理由から、私は聞き役に回って確認していることです。

不安を抱えている人は、「僕は、これからどうなるんでしょうか?」と聞いてきます。

そこで、私は逆に質問します。「どうなるか、ではなく、あなたはどうなりたいの？」。

会社の中にいると、まるで自分の力が及ばない領域の誰かに、なにごとも決められてしまう、自分に選択権はないのだ、という気になるみたいなのです。

でも、どこにいたとしても、与えられたその環境の中で、かけがえのない存在になるのか、取り換えのきく部品みたいな人で終わるのかは、自分次第だと思います。

私の考える「かけがえのない存在」の定義は、人に影響を与えられる人です。

たとえば、ふらっと入ったカフェで、店員さんが素敵な笑顔と気配りで接客してくださったおかげで、気持ちの良い時間を過ごせたとします。であれば、その人はかけがえのない存在だと言えます。その人が辞めても、別にお店がつぶれるわけではありませんが、接点を持った人に、プラスの影響を与えたことは間違いないと思うのです。

人にプラスの影響を与えられる人になるかどうか、決めるのは自分です。

私は歯科助手の仕事を辞めて中央出版に入りました。それまでやったことのない営業の会社に入社したのも、マネジャーに任命されたのも、たまたまのことだったと思います（必然じゃなく、たまたま、です）。

でも、入社しないほうの選択、引き受けないほうの選択もあったわけです。やると決めたのは、やっぱり私なんですよね。

「僕は、この先この会社でいったい、どうなっていくんでしょうか？　将来が見えません」と打ち明けられても、世界中の誰もその解答は持っていません。だって、なりたい自分をつくるのは自分なのですから。

したいことや、なりたいものがまだわからないなら、まずは目の前のことを一所懸命にあたっていくことが、その答えを見つける近道だと信じています。

2つ目に、「自分のため、自分が生きていくために、仕事に向かっていけるか」。

営業ノルマのためではない。自分が生きていくため。もっと身近に言えば、お金を稼ぐため、あなたの生活を守るためになら、がんばれますか？

お金のためにがんばることは、恥じゃないです。お金があれば、少なくともお金の心配からは自由になれます。

仕事にやりがいを感じるポイントは、人それぞれでしょう。それでもあなた自身がまず報われてほしいと思います。自分のことを二の次にして、他人のための行ないをすることだって、脳にインセンティブを感じていることは研究でわかっているそうです。

私も歳を重ねるにつれて、他人のためにやる仕事のほうが力は出る、なんて思っていたら、結局それは自分のためにしていたことだったんですね。

３つ目に、「売れる自信がついたら、前向きになれるか」。

お客様は、自信のなさそうな営業マンから買いたくない。でも、売れなければ自信は持てない。自信のありそうな演技ができるくらいなら、とっくに売れているだろうし。

営業というのは、売れる気がしなければ、現場に出ていくことが拷問に近いのかもしれません。極端な話。

私の持っている営業ノウハウを、一所懸命に授けますから、売れる人になるために私を利用してください。一緒にがんばりましょう。そう皆に話しかけました。

この3点を踏まえ、膝を突きあわせて話をしたうえでも、残念ながら辞める選択をした人もいましたが、精一杯がんばっていきたいという意思を表してくれる人もちゃんといてくれました。

この人たちに、営業の面白さを味わってもらいたい。強く、思いました。

生き抜くために仕事をしているか?

私にとって営業とは、生き抜くための仕事です。

営業は、なぜ面白いのか、なぜ苦しいのか、私はこう考えます。

ものを企画する人、作る人、売る人、運ぶ人、サポートする人、すべてがなくてはならない存在です。その中で唯一、お客様の心が大きく動く瞬間に、ライブで立ち会えるのが営業です。「売る人」の特権なんです。

自分の手足を動かすなら、自分の心に命じればいいのだけれど、他人に対価を支払うことを決断させるのは、他人の心を動かすことだから思い通りにはいきません。簡単じゃないから苦しいのだけれど、成功したときの醍醐味《だいごみ》は代えがたいものがあります。

だから、企画する人も、作る人も、運ぶ人も、サポートする人も、全員が営業マインドを持つことができれば、お客様の心を動かす醍醐味を共有できていいなあと、私はいつも考えています。

実行に勇気がいることはルーチン化する

営業職で伸びる人のもうひとつの考え方。それは、セルフイメージを意識的に高めていることです。お客様は、自信のなさそうな営業マンからは買いたくないですもの。売れていないうちには（特に、口ベタ・人見知りな私たちには！）なかなか難しいことですが、高めるための努力ならできます。

セルフイメージを上げるには、レベルの高い人と交わることです。レベルの高い人の考え方や行動パターンを知ると、自分に足りないものがよくわかります。

でも、気後れしちゃうんでしょう?

実行するのに勇気がいることは、**「ルーチン化」**すると、意外と楽に動けるものです。

ルーチンとは、日課や慣例です。

朝、起きたら顔を洗うのと同じように、レベルの高い人や憧《あこが》れの人と交わるための習慣をつけるのです。

「ルーチン化」して、うまくいった例を、2つ紹介します。

ひとつは、社内のルールとして、受注を獲得して帰ってきた人には、「おめでとうございます」と声をかけて握手することを、全員に義務化していたことです。先輩、後輩問わず、何かの作業中でもすぐ手を止めて、駆け寄るのです。

もともと、握手の目的は、その人の健闘をたたえることでした。ちょうどよいことに、握手しに接触したときに、「今日のお客様とはどんなやり取りだったんですか？」と、話しかけやすくなりました。たとえ引っ込み思案な人でも、臆することなくデキる人に成功談を聞ける機会が生まれます。

もうひとつは、私がマネジャーになりたての頃の話です。月末のマネジャー会議では、営業所の成績で座る場所が決まっていました。成績が低迷すると、見せしめみたいな場所に座らされて、けちょんけちょんに締め上げられます（どの会社でもきっとある光景です）。

そのせいか、終了後に開かれる食事会では、低迷マネジャーは事業部長から一番遠い席にひっそりと座りたがるものです。

でも私は、事業部長の正面か隣に座ることを毎月「ルーチン化」していました。会議でクソミソに言われた日も隣に座りますから、「長谷川は、根性があるな」と、ほめ言葉（？）をもらいましたが、違うんです。単に、ルーチンをこなしているのです。

そうすることで、食事中の他愛ない話の中にときおり混じる、「ここだけの話」と前置きされて語られる事業部長たちの貴重な経験談が聞けました。実力ある先輩たちの示唆《しさ》に富む本音トークが、経験の浅い私にとって、大変役に立ったことは言うまでもありません。

先入観を持たない人は、伸びしろが大きい

「先入観を持たない」。これも営業職で伸びる人の共通する特徴です。

先入観は、意外と新人さんにも強く表れるものなんです。

「新人は怖いもの知らずだから、先入観がないんじゃないのか」というイメージがあるかもしれませんが、やったことがないからこそ、想像や思い込みでいろいろな決めつけをするみたいです。第4章で挙げた「クロージングが怖い」というのもそうですね。あなたも身に覚えはありませんか？

営業マンのよくやる「先入観による失敗」で、私が最ももったいないと思うのが「キーマン（購買の決定権者）」に対する思い込みです。

では、どんな思い込みなのか。次の項目から、詳しくご説明しましょう。

3 先入観で失敗しない！ キーマンを見極めない営業術

営業のベテランも間違えている、キーマンの見極め方

「キーマンになかなか会えない」

「キーマンにさえに会えれば、ご契約をいただける自信があるのになぁ」

こういった悩みを持っている人は多いのではないでしょうか。

でもそもそも皆さんは、本当にキーマンに会えていないんですか、会えているのに自分からチャンスを打ち切っていませんか、と尋ねると、こう返ってきます。

「目の前の相手がキーマンか、そうじゃないかは、少し話せばだいたいわかりますよ」

「私は、経験が長いから、見ればその人が買うかどうかもわかります」

「飛び込み営業ですぐにキーマンに会えるかどうかは、やっぱり運だよね」

そうお考えのあなた、本当にそうでしょうか？

キーマン以外が鍵を握る

あなたの会社に、飛び込みの営業マンがやってきて、開口一番、

「社長様はいらっしゃいますか」「〇〇のご担当の方をお願いします」

もし、自分がまさに、その担当者だったら、どのような反応を返すのが普通ですか？

「担当は僕だけれど、けっこうです」

もしくは、名乗れば売り込みが始まるから、反射的に断りを入れませんか？

「わかる者は、今おりません」と。

あるいは、来客の応対をする従業員さんに、

「アポなしで来る人は、僕に取り次がずに、基本、ぜんぶ断っといてね」

そう頼んでおきませんか？

個人宅を対象とした営業も同じです。

訪問してみたら、奥様が出てこられて、こう言われますよね？

「ああ、私そういうの、全然わからないから」

「あっ、じゃあ、こういうお話は、ご主人さんにしたほうがよかったですかね？」

こういう受け答えをしたら、100％「そうして」と言われるでしょう。

まったく、興味関心のない相手は、それでいいかもしれません。

ところが、じつはあなたが気づけていないだけで、目の前の女性が、購買の鍵を握る人物だったら、あなたの心の声が、どのように聞こえているかおわかりですか？

「じゃあ、あなたに話したって決定権がないんですよねえ。それに、ヨコ文字を言ってもわかんないみたいだから、しょせんは時間の無駄みたいですね。ご主人に話すほうがこっちとしても効率がいいから、いるときにまた来ますね」

これでは、ご主人や社長が戻られる時間をお尋ねしても、

「バラバラだし、遅い」「明日以降もわからない」「もう来なくていいから」と

言われてしまうのです。

隠れたキーマンの見破り方

キーマン（鍵を握る人）とは、つまり誰のことを指すのでしょうか。

決裁者、決定権者、主権者。

でも、じつはこれらだけではありません。

決定権はないけれど交渉窓口の担当者。担当部署の責任者。

お金を出さないけれど、その商品やサービスを実際に利用する人。

お金も口も出さないけれど、営業マンを取り次ぐかどうか、ジャッジする人。

内部の影響者。外部のご意見番。

こんな具合に、何らかの形で、関与している人、関係者がいます。

私が最初に経験した教材営業は、商品を使う人（子ども）とお金を出す人（保護者）が違いました。また、祖父母、兄弟姉妹……誰が異を唱えてくるかもわかりません。逆に当事者以外の人が強力な味方になって、トントン拍子に話が進むこともあります。

つまり、家族全員が関与者です。誰が決定に一番影響力を持つかは、入り込んでみないとわかりません。ましてや、購入する商品が違えば、影響力を持つ人も変わります。

ご夫婦のどちらの発言力が強いかといった問題にしても、「どっちに多く話を振ったら、落とせるだろうか」なんて、営業側が話を振る配分を6：4だとか、9：1だとかを決めるのはおこがましいと、私は考えます。

ご夫婦には、どちらにも平等に、双子に話していると思って振るのがいいのです。

こちらからは平等に振っても、お客様から返ってくるご質問や反応の量は均等ではありませんし、どちらかが他方の顔色を気になさっているなど、自然とバランスが取れてきます。営業マンが、わざとどちらかの人に偏って話を振っているようでは、いくら商品の説明が上手でも、隠れたキーマンに足元をすくわれる結果となりかねません。

この経験から私は、営業対象が法人に変わってからも、「決定権者は見た目で判断できない」「会う人は、すべて関与者だと思え」という見方を当たり前に思っていました。

ところが、世の中の営業マンは違うということを知り、これはチャンスだと思いました。

私のいた職場はテナントビルに入っていましたから、よく営業の人がやってきますが、だいたいがこんなやり取りになるのです。

「社長様いらっしゃいますか」

「ここは支社なので、本社は別なんです」

「では責任者の方でけっこうです」

「私、責任者なので、お聞きしますが」

「あ、いえ、あの……、男性の責任者の方は？」

「……」

応対した私を見て、重要人物じゃなさそうだと判断したせいか、ぞんざいな態度がチラリと見えます。当然、こちらとしては良い印象を受けません。世の中、こういう営業マンが少なくないのだろうな。その逆をいけば、他の営業マンが素通りしたお客様をそっくり獲得できるのではないか、そんなふうに考えたのです。

「先入観を捨てる」といった心がけだけで、即、受注がどっさりと取れるほど甘くはありません。重要なのは、こういうことです。

・「キーマン不在」と言われたとしても、相手は影響者だと踏まえて話し続けること。
・第3章で述べた「受容の5原則」を使って、最初の断りや、取次ぎブロックをスルーしながら、セールストークを前に進めていくこと。
・影響力が弱い人だとわかっても、態度を一切崩さないようにして、情報収集すること。

これらを営業スタッフの皆が、体（口）で覚えて自然に振る舞えるように、ロープレで練習をすることを日課にしました。

ある日、本社の責任者が、私のいる営業所を見にやって来たときのことです。全員で練習するロープレの時間が終わった後、こう言いました。

「きみたちは、決定権者の見極めもつけずに、なんでダラダラと話し続けるんだ。ロスだろう。本社のメンバーは違うぞ。相手をサッと見極めて、無駄に話さず切り上げるよ」

その人が帰った後、自分たちの取り組みが否定されたことに、困惑しているスタッフたちに言いました。

「大丈夫。気にしなくていい。みんながいまやっていることの正しさは、必ず結果で証明されるから。だから明日も同じ練習を続けよう」。私は、確信を持って言いました。

取り組みの成果はみごとに表れました。

その年の年度末、本社や、マーケットの大きい東京支社にも圧倒的な差をつけて、わが大阪支社スタッフがチーム優勝に輝きました。

このキーマンを見破る方法の出発点は、相手の決定権や影響力を推定するときに、お会いする人を品定めせずに尊重した態度をとることに始まります。

いつも、いま目の前にいる人が、「鍵を握る重要人物」だという前提で話しかけることです。

「ビビリ」だって、先入観は捨てられる!

先入観は、キーマンという「人」だけではなく、営業対象そのものに向けられてしまうことも多いものです。担当エリアや、建物、過去の実績です。

よくあるのが、「敷居が高そうだな」とか、「反応が冷たそうだな」といった色眼鏡で見てしまうことです。

敷居が高そうだと思って気後れしながらアタックすれば、相手にされなかったときには、「やっぱりな」と、先入観による偏ったものの見方がさらに固まります。

またよく見かける場面としては、ベテラン営業マンが、「そこの地域は誰がやっても受注が取れないから、行っても無理だってば」と、後輩がこれからやろうとしていることにケチをつけて、やる気に水を差す会話。

テレアポ営業の職場でも、はじめの2、3件電話をしてみて感触が厳しいと、「もうこのエリアは荒らされているから駄目だ」……みたいな、逃げの会話は残念ながらありますね。

そこで、部下の営業スタッフAさんの例を紹介します。彼女は新卒入社のわずか1カ月後に、配属先のマネジャーに放出されてうちの営業所に移ってきたのがはじまりですが、身をもって先入観にとらわれない姿勢を表してくれる人でした。Aさんもまた、プライベートでは内向的な人だったのに、私とのやりとりの中で人の行きたがらない営業先へ進んで向かっていくようになりました。

Aさんは、他の人なら尻込みする大手企業もガンガン攻め、アポなし飛び込み訪問であっても、大口顧客の受注を即決で獲得してきました。国内最大手のゼネコンの支店や新聞社など、他のメンバーなら、ドアを叩きもしないと思います。

彼女の仕事ぶりをひとことで表すなら、

「人の行く裏に道あり花の山」

この言葉はもともと、相場の世界の格言です。多くの人が行く場所よりも、誰も行かないようなところにこそ、満開の桜（チャンスのたとえ）が見られるという意味です。

「人の行く裏に道あり花の山」の意味することは、裏道を探し当てろということだけではありません。

道のないところ（前例のないところ）を歩く勇気が必要です。

他の営業マンが避けて通る営業先というのは、やはり感触がきついわけです。慇懃《いんぎん》な応対で、野良ネコでもあしらうような断り方をする企業もあります。でも、そこを突破すると、美味しい思いを味わえることがあるのです。

営業職で伸びる人、伸び悩む人の違いとは。

先入観を取り払い、勇気を出して一歩前へ踏み込むか。先入観のおもむくまま安全圏に逃げ込むか（仕事の可能性は広がりません）。

成功するまで少しストレスはかかるが、できるまで挑むのか。断りを受けることを避け、挑戦することからも避ける仕事人生を送るのか。

一つひとつの行動の差は、本当にわずかです。でもこの差がいずれ、半年、1年、3年……と経てば、大きな差です。やったもの勝ちです。

営業では、一度先入観が入ると、それを消し去るのが大変です。それくらい、根拠のないイメージに左右されやすいものなのです。

大切なことは、営業に出かける前の準備やシミュレーションを行なうときには、常に最悪のことを想定しておくことです。

そして、いざ出かけたら、最高にうまくいくイメージを持つことです。

売れない人は、この逆をやってしまうのです。

準備のときは「行けばなんとかなるさ」と考えてちょっと手を抜く。で、いざ営業に出ると、売れる気がしなくなってきて、行動に出られない。

準備段階では「ビビリ」でいいんです。そうやって、コツコツと手抜きなく準備するからこそうまくいく確信が持てますし、勝負のかかる場面では、失敗を恐れずに大胆に動けるのです。

4 ダメ社員に学ぶ、4つの処方箋

ケース① 仕事から逃避してしまっている社員

いきなり、失礼します。あなたは、仕事をサボっちゃったことってありますか？

私は……、ありますよ。

売れなかった頃は、手抜きや怠慢がたくさんありました。結果を出すことへのあきらめが早いのも、妥協点が低いのも、精神的なサボりの一種です。

でも、サボりの王道（？）と言えば、全然違う場所で時間を過ごしているとか、寝ているとかの、物理的なサボり。

言うまでもなく、営業に行ったふりをしてサボるのはよくないです。経営者の方にしてみれば、「けしからん！」ということになるでしょう。

ただ、本人にとっては、逃避せずにいられない理由があったのかもしれません。ところが、物理的なサボりグセの怖いところは、いつか真面目に仕事に戻ろうと決心しても、それができない体になってしまうことです。


仕事から逃避するきっかけとなった出来事は、どんなことでしたか？

何日間（あるいは、何週間）か成果ゼロが連続して、自己嫌悪に耐えられなくなった？

営業先で、理不尽な扱いを受けて心が傷つき、自分の仕事が愛せなくなった？

これらのことは営業職でなくても、仕事をしていれば誰の身にも降りかかってくることですが、当事者になったときは、本当につらいものですよね。

大事なのは、そのやり過ごし方。

瞬間的に逃避するだけならまだいいのですが、戻れなくなると大変です。

「つらいことに遭遇し、悩みを抱えてしまった気の毒な人」だったのが、「サボって働きもせずに、給料だけ持っていく厚かましい人」になってしまいます。

そうなれば、社内での信用を失い、人間関係まで壊れてしまうでしょう。

処方箋①：上司の「お悩み解決料金」を消費せよ！

「早く成功のイメージを取り戻してもらえるように、力になりたい」

もし、私が上司だったらそう思いますよ。転んでも起きあがるときは、人に手を添えてもらえばいいのです。

言いにくいかもしれませんが、隠していても、サボりは上司にばれるんです。周囲にもわかるものなんです。

上司というものは、後から知ったことに対しては、けじめのために叱らないといけなくなります。私も、そうでした。ところが、逆に本人から先に告げられると、「言いにくいことを、よく相談してきてくれたね」と、心中嬉しく思うものです（上司の本音です）。

私が知っている成績優秀な営業マンで、営業現場で嫌なことがあると、その場ですぐに電話をかけてくる人がいます。「聞いてくださいよ。こんなことがあったんです！　わーん！（泣）」。すぐにすっきりとガスを抜いて、一日中引きずることはしないのです。さすが。

そんなふうに、自分からホットラインを持てる人ならいいのですが、開けっぴろげに、上の人に言えない性格の人もいますよね。口ベタは、甘えベタでもあります。「こんな話、上司に言うもんじゃないよな」とか、「弱音を吐いたら怒られそう」と、打ち明ける前にあれこれ気にしすぎて、結局は自分で抱え込んでしまうあなたのような人。

でも、あなたが悩んでいることは、上司も一度は通った道なのです。それを克服できたからこそ、いまの立場にいるのです。

お医者様にかかるとき、治療費を払いますよね。だから、かえって気兼ねなく診てもらうことができるのだと思います。上司はあなたから、「はい、相談料ちょうだい」とは言いませんが（たぶんね）、相談して時間を奪うのは悪いな……なんて気をつかう必要はありません。「上司がもらっているお給料は、あなたの『お悩み解決料金』も含まれているのだ」と、思いましょう。この料金分、上司を使ってやればいいのです。

上司だって、あなたが何に困っているかを知りたいのです。知ることができればフォローに動けます。でもね、「この頃元気ないな、彼氏とうまくいってないのか？」なんて聞こうものなら、「セクハラ！」「お前、まさかサボってるんじゃないだろうな」「人権侵害！」……。

ね、あなたのほうから、相談するほうがいいのです。

同期じゃなくて上司に打ち明けてくださいね。さもなければ、先輩に。この「サボり相談」に限っては、同期の人では共に憂鬱《ゆううつ》な気分になって一緒に沈んでしまいかねませんから。同期の人は、あなたの「お悩み解決料金」をお給料の中にもらっていませんからね。

ケース② 質問力がない社員

営業成績の良い人の「売れた話」を聞いたとき、その人とあなたは何が違うのか、すぐにわかりますか？

もし、自分との違いをあまり見つけられなかったら、要注意です。同じ会社の人であるとか、同じ業界の競合商品を販売している人同士ならば、あからさまな違いは見つけにくいもの。だからこそ、積極的に違いを発見しようとしなければ、何も見えてきません。

見ようとしない人のセリフは、だいたいがこんな感じです。

「それくらいのことなら、知っています」「私も同じことをやっています」

結果（実績）が違うなら、プロセスだって違うんですけどね。

売れる人の現場を観察しても、見る人によって感想がまるで異なることがあります。

他事業部でトップセールスとしてならしたMさんが、うちの成績優秀な人に同行したときのことです。Mさんは、ずいぶん興奮して帰ってきました。

「お客様のどんな意地悪な質問にも『イエス』で受けとめて、話題の転換の仕方が自然でした。資料も、期待感を十分に高めてからお見せするから、お客様が前のめりになるんですね。帰りみちに、たくさん質問させてもらって、手帳がメモでこんなに埋まりましたよ！」

ところが、同じ人に今度は、別の人が付いていくと、まったく違う反応を見せたのです。

「どうだった？　どんなことが勉強になった？」

「うーん、なんだか、すんなりと決まっちゃったんですよね。本当はもっと、クロージングですったもんだするところが見たかったんですけどね。今日のお客様くらいにいい人なら、自分が話しても取れたと思うんですよ……」

これって、ただ、表面を見たままの感想にすぎません。これでは、せっかくすごい人の近くにいても、いいものを吸収できなくて損ですね。

処方箋②：「なぜ？」を細かく分解して、質問しよう

結果を出す人は、お客様の前での行動、発言のすべてに意図があります。服装や持ち物もしかり。見て、わかったつもりになるだけではなく、質問をしてみましょう。

「なぜその場面で、それを言うのか」「なぜこのとき、そうしたのか」

「なぜ?」を忘れずに。仕事がデキる人の「キモ」が間違いなく織り込まれています。


私がまだ現役バリバリ(?)のとき、全国の営業社員さんが集まる研修会で、ロープレをお見せすることがたびたびありました。ある回のとき、休憩時間になってからこっそりと近づいてきた方に、こんな質問をいただきました。

「あまりに初歩的な質問なので、さっきは手を挙げられなかったんですけど……」


そのように前置きをして、私が使っているツール類を指さして質問攻めにしてきました。

「営業カバンが『茶色』なのは意味があるのか?」「クリアファイルはどんなものを?」「筆談のとき、数字を逆さまに書いていたけど、なぜ?」

「女性が『黒』の大きいカバンを持っていると、なんだかいかついでしょ。浮いた雰囲気の道具があるとお客様はリラックスできないから。だから茶色。クリアファイルは赤色以外。赤には〝禁止〟の意味があるから、お客様の買う気をストップさせてしまうかもしれないでしょう。数字は、商談のリズムを大事にするために、いちいち書いた紙をひっくり返さなくても、お客様が読めるように練習したんだよ」

聞かれたことは、すべて真面目に答えました。他にも、「ペンは?」「服装は?」と次から次に、質問が飛び出しました。

こういったことは、聞かれなければ、あまり人に話すことのない種類のものです。初歩的な質問どころか、「おぬし、やりおるな」と、讃《たた》えたいです。たくさん話してもらえる質問のコツは、このエピソードのように、尋ねる対象を細かく分解することです「どうして売れるんですか?」といった、大ざっぱな質問では、「そうですねぇ、努力しているからかな」とか、それしか言いようがないですからね。

ちなみに、すごい人のやっていることが「正解」ではありません。カバンも、相手に合わせて「黒」を選ぶこともあれば、セールス臭さを排除するために「紙袋」で行くこともあります。対象が変われば、こめる意味も変わる。大切なのは、考え方を知ることです。

ケース③ 無意識に人のせいにする社員

「もし、あの場面で私がこういうアクションをとっていたら……」

商談のどこかに運命の分かれ目があり、お客様の反応や出方に対して、別の行動を起こしていれば、違った結果になったのではないか。

一度した失敗を繰り返さないためには、このように「たら、れば」思考で振り返り、別の結末に導けるようなシミュレーションをしておくことが重要です。

ところが、反省するときの主役が、「他者」になっていると、学習効果は期待できません。

「本当なら、契約、取れていたんですよね……」

Sくんは営業現場から戻ってくると、よくそうやって人に聞こえるくらいの声でひとりつぶやいては、ため息をついていました。

同僚が、「何かあったの？」と聞いてくれるや否や、彼は、幻に終わった契約寸前までのストーリーを語り始めるのです。

契約書を書き終えた後に、「ちょっと待って」と誰かからストップがかかった、とか。

脈があるお客様のところに行ったら、ライバル社が横取りしていったみたいだ、とか。

「それは運が悪かったですね」

人にそう言ってもらって溜飲を下げているようでは、事態は何も好転しません。「本当なら」も何も、営業の結果は、白か黒です。惜しかった結果はグレーじゃなく、黒なのです。

処方箋③：主語を「自分」に置き換えて変換してみよう

自分の思い通りに事が運ばなかったときに、環境のせいや他人のせいにする傾向を「他責的」と呼ぶのですが、こういったクセは、子どものときからの年季の入った習慣かもしれませんね。「わかってほしい」と思う気持ちから、言ってしまうみたいです。

私も気を付けていないとそうなりやすいので（52ページのエピソードがまさに、それ）、ついそう思ってしまう気持ちはなんとなく理解できます。

でも、言い訳している人を見て、どう思いますか？　ちょっと格好悪くないですか？　それに同調してくれるのは、やはり言い訳好きの同類の人だけなんですよね。そんなときは、言い訳をモヤモヤと考えている自分を、パシッと裏《うら》拳《けん》で叩いて、ツッコミを入れるんです。「およしなさい」。

本質的な「他責」を、「自責」に変換させるコツを手に入れるために、まずはこの国語の問題を解いてみてください。

次の例文を見て、「自分」を主語にして文章を作り直しましょう。

1、お客様に、買う気がなかった。

2、うちよりライバル社のほうの価格が安いから、顧客を奪われる。

（解答例）

1、自分が、お客様を買う気にさせられなかった。

2、自分が、価格以外の優位性を伝えられていないから、顧客を奪われる。

こんな感じで、主語を「自分」「私」に置き換えたうえで、自分がどういう対応をすれば情勢が変わったのか、「たられば思考」に入ってみてください。

自分にツッコミを入れる。

反省するとき、心の主役は「自分」。こうでありたいものです。

ケース④：詰めが甘い社員

「おたくは、『始末』ができたはらへんなぁ」（標準語：できていませんねぇ）。

これは、私の失敗談です。

私は、商品カタログの裏表紙に、社判（社名や店舗名、住所、電話番号が入ったゴム印）を押すときは、お客様に叱られたこの言葉が頭の中にこだまして、いつも緊張します。斜めになったり、インクが一部かすれたりしないように慎重を期すのです。

それは、いまからさかのぼること20年前の出来事です。

京都市内にあるお客様のお宅にお邪魔していました。お勧めした商品のご購入を決めていただき、最後に必要書類を渡し終えたとき、わずかに右下がりに傾いて押された社判を見て、冒頭の言葉を言われました。続けて、「この契約は、なかったことにしてもらいます」と、ぴしゃり。以上、おしまい。

（ぎぇーー、契約が……。始末って、なんなんだ？）

私は、いったい何を失敗してしまったのか、頭を下げてお客様に教えを乞《こ》いました。

そのときに教えていただいたことは、こういうことです。

押された社判の傾きくらいで何を大げさな、と思うかもしれないが、細部にまで神経を行き届かせている人や会社は信用できるし、お付き合いしたいと思う。反対に、始末がなっていない人や会社には、何も任せたくはない。

こんな意味合いのことを端的に言われ、挽回のチャンスも与えられないままに、お客様のおうちから出されたのです。

処方箋④：「厳しい人の目」に合わせて動く

私はこのときに、ものごとの基準は自分の目線ではなく、特に厳しい目を持つ人に信用していただける水準にまでレベルを引き上げるべきなのだと、心にくさびを打ち込まれた気がしました。

「スキル不足でできていないこと」と、「手を抜いたこと」の違いは、お客様にはちゃんとわかります。人は、雑な仕事を見たときに何を思うかと言いますと、見えるところでも雑ならば、見えていないところでは、もっと雑なのではないか。そのように連想して、製品や、サービスのクオリティに疑問が生じるわけです。

また、雑に作ったものを渡されると、「私には『この程度のものでいいや』と思われているんだな、自分は大事に扱われていないんだな」と、不快に感じます。

お客様に、指摘されたことがなかったからといって、自分のしていることが世の中の人に認められているとは限りません。叱ってくれるお客様なんてじつは少数派で、ほとんどの方は「ただ黙って消え去るのみ」なのです。

自分の粗さがし……ではないですが、ルーズなところ、いい加減さがあらわれているところはないか、お客様の厳しい目線で点検する癖をつけましょう。

印鑑や社判はまっすぐ、ワクの真ん中に。インクのかすれ、にじみのないように。

カタログやチラシなどの紙のツールは、雨の日の翌日は差し換えよう（ヨレヨレだから）。

どこかでタダでもらった宣伝文句付きボールペンはやめよう（貧乏くさい）。

大丈夫かどうかを判断するコツは、迷ったら、やめておくことです。

少し、雑だったかな？　見た目が汚いかな？　正しい作法はどっちだろう？

このように判断に迷ったら、「まあ、いいか。やっちゃおう」ではなく、「やめておこう」「調べてからにしよう」という判断をすることです。

●エピローグ――「なぜ辞めなかったのですか？」

私の出身会社は、仕事が横綱級にハードだということで有名でした。社名を聞いた人からは、「あの会社の離職率は9割くらいか？」とか、「1年もったらいいほうですよね」と、否定しづらい（笑）ご感想を言われることがあります。ストレスフルである世の営業会社の中でも、格別みたいです。面白いでしょ。

だから、多くの人に不思議がられます。

「なぜ、長谷川さんは、辞めなかったの？」

いばって言うことではありませんが、私には学歴がありません。高校中退の人間です。

どんなに利口ぶろうが、どんなに真面目に生きようが、自分の経歴は変えられません。

中には、「学歴があっても仕事のできない奴はたくさんいるよ。なくても稼いでいる人だってたくさんいる。能力と学歴は関係ないよ」と言ってくれる人がいますが、こういうセリフは高学歴の人が言うからサマになるんです。世の中、学歴なんかじゃあないなんて、きれいごとです。

はっきり言って、学歴がものを言います。

仕事がつらくて、辞めたいなと思ったことは（思っただけなら）何度もありますが、踏みとどまったのは、そういう現実を忘れなかったからです。

つらい仕事から逃げて辞めていけば、その一瞬だけは、自由になった気がするでしょう。

でもすぐに、経歴という変えられないものに苦しめられるだけです。ましてや、お金に換えられる技能や専門知識を何も持たない私は、「売り物は若さと元気です」……なんて言っていられなくなる時期が、やがて来る。

なんでもいいから圧倒的な実績を作って、学歴がないことなど誰からもたいして問題にされないほどの金字塔を打ち立てていかないと、この先食べていけなくなる、と心の奥底で恐れていました。

しかし、やがてトップセールスウーマンとして社内で有名人になると、今度は自尊心がむくむくと顔を出してきてしまいました。

マネジャーへの登用は突然のことで戸惑いましたが、不安よりもステイタスを手に入れたような名誉な気持ちが勝っていました。そういううぬぼれが、失敗のはじまりでした。

私がいた中央出版の販社営業部は、当時マネジャー職の99％は男性。訪問型営業部隊をまとめ上げて売上を強固に作って行くのが仕事ですから、男性ばかりになるのは自然でしょう。1年後、私は体をこわして緊急入院。一度はマネジャー職を降りて管理部門に籍を置きましたが、2年後、上層部からもう一度命じられてマネジャーに再登板しました。

ずいぶんマシになってきたというものの、私が20代の頃の世の中は、いまよりもっと男性中心の社会でした。

女性のマネジャーなんて、響きだけ聞けば特別感がありそうですが、現実は全然違います。男社会の中、本筋の仕事以外で悩まされることはないだろうかとか、「そこまでしてやるのか」という葛藤がなかったと言えば嘘になります。

でも、そういう中で尖《とが》っていくことができれば、仕事人生で不利になるはずがない。

営業でナンバーワンというのは、自分がなろうと努力すればなれるけれど、会社の中の役割（マネジャー）は、選ばれなければできないじゃないか。ちょっとばかり苦しいからといって、せっかく与えられたチャンスを自分から投げ出すのはバカだ。そう思って、「やってみます」と返事したのです。

この頃になると、学歴コンプレックスだけが原動力ではなかったと思います。

その他大勢から抜け出すことを考えていました。

そのことについては、大卒の人にも当てはまると思います。出身校が（一流とは言わなくても）名の知れた大学で、経済的にもそれなりに恵まれた人にとっては、ハングリーになれないことをかえって悩まれているかもしれませんね。

でも、ぼんやりしていたら、下の世代や、外国から、やる気と能力の高い人たちがどんどん台頭してきます。いま、自分が持っているもの（こと）だけで勝負できる年月なんて、あっという間に過ぎて行ったら、どうしますか？

あなたが人よりも突出していけるレベルのものを、遮二無二、それこそ背伸びしたり、ジャンプしてもぎ取りにかからないとね。この世の中をサバイバルしていかなくちゃいけないのですから。

こんな私でも、「やってみます」の小さい決断を習慣づけることで、変われたのです。

あなただって、いいえ、あなたのほうこそ変われるはずなのです。

最後までお読みいただき、本当にありがとうございます。

本書を出版するにあたり、祥伝社の大木瞳さんには多大なご協力をいただきました。また会社員時代の上司や部下の皆様、現在の仕事のクライアント企業の皆様。本書が世に出たのもひとえに皆様が私を鍛えてくださったおかげです。そして、家族と亡き母に。この場を借りて心から感謝を申し上げます。

切りとり線

★読者のみなさまにお願い

この本をお読みになって、どんな感想をお持ちでしょうか。祥伝社のホームページから書評をお送りいただけたら、ありがたく存じます。今後の企画の参考にさせていただきます。また、次ページの原稿用紙を切り取り、左記編集部まで郵送していただいても結構です。

お寄せいただいた「100字書評」は、ご了解のうえ新聞・雑誌などを通じて紹介させていただくこともあります。採用の場合は、特製図書カードを差しあげます。

なお、ご記入いただいたお名前、ご住所、ご連絡先等は、書評紹介の事前了解、謝礼のお届け以外の目的で利用することはありません。また、それらの情報を6カ月を超えて保管することもありません。

〒101-8701（お手紙は郵便番号だけで届きます）
祥伝社　書籍出版部　編集長　岡部康彦
電話03（3265）1084
祥伝社ブックレビュー　http://www.shodensha.co.jp/bookreview/

◎本書の購買動機

＿＿＿＿新聞の広告を見て	＿＿＿＿誌の広告を見て	＿＿＿＿新聞の書評を見て	＿＿＿＿誌の書評を見て	書店で見かけて	知人のすすめで

◎今後、新刊情報等のパソコンメール配信を　　希望する　・　しない

（配信を希望される方は下欄にアドレスをご記入ください）

@

※携帯電話のアドレスには対応しておりません

１００字書評

人見知り社員がＮｏ．１営業になれた　私の方法

住所

名前

年齢

職業

人見知《ひとみし》り社員《しゃいん》がNo.1営業《えいぎょう》になれた　私《わたし》の方法《ほうほう》

平成23年11月10日　初版第1刷発行
平成26年9月15日　　　第4刷発行

著　者　長谷川千波《はせがわちなみ》

発行者　竹内和芳

発行所　祥《しょう》伝《でん》社《しゃ》

〒101-8701
東京都千代田区神田神保町3-3
☎03(3265)2081(販売部)
☎03(3265)1084(編集部)
☎03(3265)3622(業務部)

印　刷　萩原印刷

製　本　積信堂

ISBN978-4-396-61408-9 C0030　Printed in Japan
祥伝社のホームページ・http://www.shodensha.co.jp/

祥伝社のベストセラー

「最高の自分」を引き出す セルフトーク・テクニック

心の口ぐせで人生が変わる

メンタルトレーニングの第一人者による、集中力をアップさせ、目標を達成する技術

田中ウルヴェ京

2日で人生が変わる「箱」の法則

すべての人間関係がうまくいく「平和な心」のつくり方

前著『自分の小さな「箱」から脱出する方法』に登場するカリスマ経営者ルー。彼はなぜカリスマ経営者となったのか？「箱」理論のすべてを明かす、待望の第二弾！

アービンジャー・インスティチュート
門田美鈴 訳

ファーストクラスに乗る人のシンプルな習慣

3％のビジネスエリートが実践していること

そうか！ 成功したかったら、成功者の真似をすればいいんだ。CAだけが知っている、彼らの共通点とは？「人生逆転」「商売繁盛」のヒントが満載！

美月あきこ